나·만·의·인·형·옷·만·들·기

{ Doll's Salon : Fairy tales }

돌스 살롱 : 페어리테일

나·만·의·인·형·옷·만·들·기

{ **Doll's Salon** }
{ **: Fairy tales** }

돌스 살롱 : 페어리테일

Contents

>> 기초 바느질법 익히기 ▪ 32

Chapter 1

>> 이상한 나라의 앨리스 Alice in Wonderland
>> 헨젤과 그레텔 Hansel and Gretel

앨리스 의상 세트 (step1. 앨리스 원피스 / step2. 앨리스 드로즈 / step3. 앨리스 앞치마) ▪ 38
그레텔 원피스 세트 (step1. 그레텔 원피스 / step2. 그레텔 앞치마) ▪ 48
헨젤 의상 세트 (step1. 헨젤 셔츠 / step2. 헨젤 반바지 / step3. 헨젤 모자) ▪ 54

Chapter 2

>> 빨간모자 Little Red Riding Hood
>> 빨강머리 앤 Anne of Green Gables

빨간모자 의상 세트 (step1. 빨간모자 망토 / step2. 빨간모자 자수 원피스) ▪ 64
빨간모자 잠옷 세트 (step1. 빨간모자 잠옷 모자 / step2. 빨간모자 잠옷) ▪ 72
빨강머리 앤 의상 세트 (step1. 앤 원피스 / step2. 앤 호박바지 / step3. 앤 앞치마) ▪ 78
다이애나 의상 세트 (step1. 다이애나 원피스 / step2. 다이애나 앞치마) ▪ 84

Chapter 3

>> 골디락스와 곰 세 마리 Goldilocks and the Three Bears
>> 신데렐라 Cinderella
>> 오즈의 마법사 The wizard of Oz
>> 세일러복 소녀들 Girls in Sailor Dresses

골디락스 원피스 ▪ 94
신데렐라 이브닝드레스 ▪ 100
신데렐라 하녀복 세트 (step1. 신데렐라 하녀복 / step2. 신데렐라 하녀복 두건) ▪ 104
도로시 의상 세트 (step1. 도로시 블라우스 / step2. 도로시 원피스 / step3. 도로시 망사 속치마) ▪ 110
세일러복 세트 (step1. 민소매 주름치마 원피스 / step2. 세일러 재킷) ▪ 116

Chapter 4

>> 인형의 영원한 짝꿍 곰인형 만들기 ▪ 124
>> 에이미의 헤어 살롱 1 -식모부터 헤어 펌까지- ▪ 130
>> 에이미의 헤어 살롱 2 -일라이저 펌 하기- ▪ 140

부록

실물 옷본 ▪ 145

+ 의상은 화보의 모델에게 가장 잘 맞도록 제작되었으며 비슷한 크기의 1/6인형에는 대부분 호환됩니다. 하지만 각 의상의 모델보다 너무 크거나 작은 인형에는 호환되지 않을 수 있습니다. (146쪽의 치수표를 참고하세요.)

+ 부록으로 제공되는 옷본은 저작권법에 의해 보호받는 작가님들의 소중한 재산입니다. 개인적인 용도 외에 상업적인 이용은 절대 금합니다.

Dolls

이 책의 모델을 소개합니다. 모델은 테마에 맞게 커스텀하여 사용하였습니다.
모델 사용을 허락해 주신 모든 인형 작가님께 감사드립니다.

아이로아돌 : 모모 (인스타그램 @iroadoll)

쪼로리 아트 : 꽃지 (인스타그램 @jjorori_art)

지맘 팩토리 : 비안코 (인스타그램 @zimam0_0)

이브리 하우스 : 클라라 (인스타그램 @kukuclara)

보물성 완구 : 나나 (인스타그램 @bomulsung)
티니 베어 : 곰 세 마리 (인스타그램 @tinibear)

쁘띠치카 : 코제트 (인스타그램 @doll_chicabi)

아토마루 : 사필도 (인스타그램 @atomarudoll)

러블리니터 : 늑대 (인스타그램 @lovelyknitter)
스마일루이 : 토토 (bart0408.blog.me)

카카롯돌 : 카카롯 (인스타그램 @cacarotedoll)

"불가능한 것을 이루는 유일한 방법은 가능하다고 믿는 거야.
그럼 넌 분명히 도착하게 되어 있어. 오래 걷다 보면 말이야."

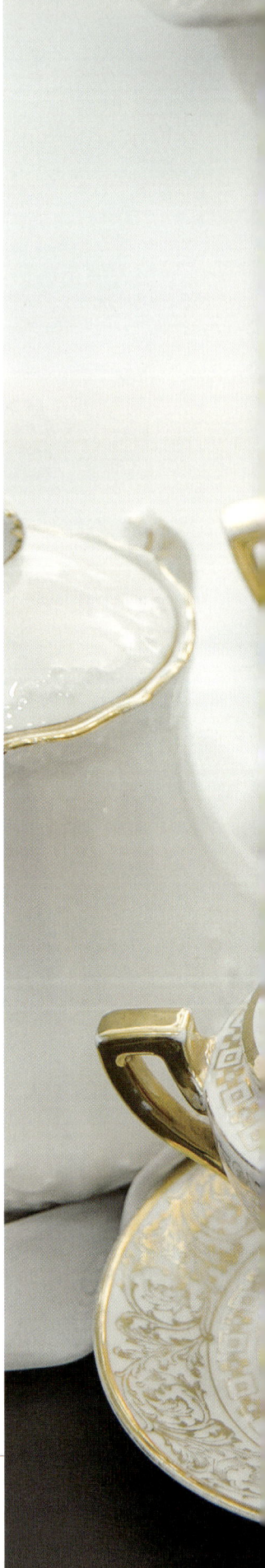

Alice in Wonderland
이상한 나라의 앨리스

"지도만 보며 뭐해? 남이 만들어 놓은 지도에 네가 가고 싶은 곳이 있을 것 같니? 넌 너만의 지도를 만들어야지."

Hansel and Gretel

핸젤과 그레텔

"동화의 끝은 어제나 해피엔딩이지만
주인공은 우선 역경을 극복해야 하지."

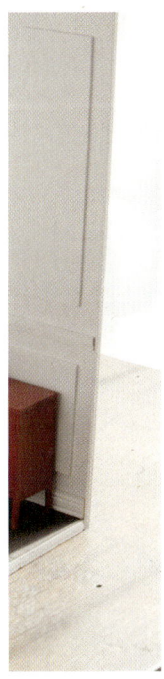

Little Red Riding Hood

빨간모자

Anne of Green Gables
빨강머리 앤

"정말로 행복한 나날이란 멋지고 놀라운 일이 일어나는 날이 아니라, 진주 알이 하나하나 한 줄로 꿰어지듯이, 소박하고 자잘한 기쁨들이 조용히 이어지는 날들인 거 같아요."

Goldilocks and the Three Bears

골디락스과 세 마리 곰

"아빠 곰의 수프는 너무 차가왔고
엄마 곰의 수프는 너무 뜨거워어,
아기 곰의 수프가 내게 딱이야!"

Cinderella
신데렐라

"절대 뒤돌아보지 마, 만약 신데렐라가 유리구두를
주우러 돌아갔다면, 그녀는 결코 왕자를 만나지 못했을 거야."

Dorothy and the Wizard of Oz
오즈의 마법사

"내가 잃어버린 가장 소중한 것은 바로 심장이라는
사실을 깨닫게 됐어요. 사랑에 빠져 있었을 때
난 세상에서 제일 행복한 남자였어요. 하지만 그 누구도
심장이 없는 사람을 사랑할 순 없어요."
- 양철 나무꾼

Girls in Sailor Dresses

세일러복 소녀들

"그리운 시절이 있어? 한적한 바닷가를 걸어봐.
쉽게 추억을 꺼낼 수 있을 거야."

>> 기초 바느질법 익히기

인형옷 만들기에 필요한 기본 바느질 방법을 익혀볼까요? 방법을 익힌 다음에는 바늘땀을 고르게 하는 연습이 필요해요. 바늘땀이 고르면 의상을 완성했을 때 정확한 핏을 살릴 수 있답니다. 설명이 잘 이해가 안 된다면 인터넷에서 손바느질 관련 동영상을 검색해 참고해보세요.

 ### 매듭짓기

매듭이 너무 두꺼워도 얇아도 문제입니다. 적당한 매듭을 손쉽게 만드는 방법을 알아볼까요?

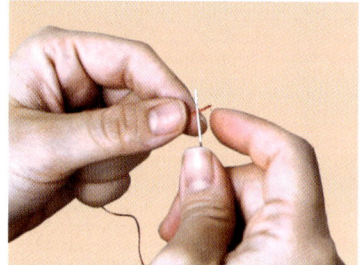 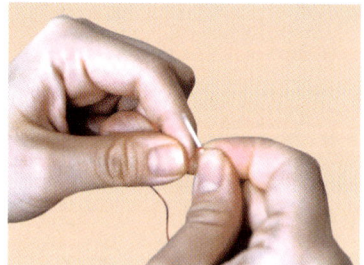 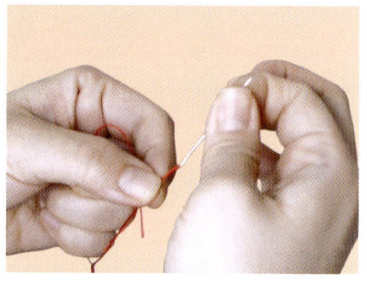

01 바늘로 실을 누릅니다.   **02** 실을 바늘에 두세 번 감아줍니다.   **03** 바늘에 감긴 실을 엄지로 눌러 바늘을 빼면 손쉽게 매듭이 완성됩니다.

※ 주름을 잡을 때 매듭은 줄을 당겨도 쉽게 빠져나오지 못하게 일반적인 매듭보다 두껍게 하는 것이 좋습니다. 두툼한 매듭을 지으려면 바늘에 실을 좀 더 많이 감아주면 됩니다.

 ### 홈질

바느질의 기본이라고 할 수 있습니다. 옷감에 바늘을 넣었다 뺐다 하면서 서너 땀씩 한 번에 바느질하되 천에 주름이 지지 않도록 천천히 실을 잡아당기는 게 요령입니다.

 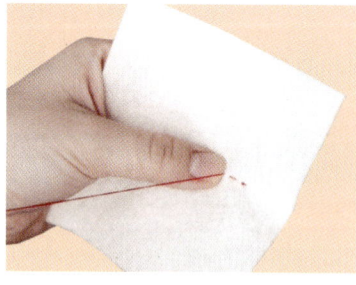 

01 천 위에서 아래로 바늘을 찔러 천 아래에서 위로 빼냅니다.   **02** 일정한 간격으로 몇 땀 떠준 뒤 바늘을 잡아당기면 사진과 같은 모양이 됩니다.   **03** 01~02의 과정을 반복하여 원하는 만큼 바느질 합니다.

 ### 시침질

임시로 원단을 고정하는 데 쓰이기 때문에 바늘땀을 넓게 하여 성글게 바느질합니다. 방법은 홈질과 같습니다.

박음질

홈질보다 튼튼한 바느질 방법입니다. 원단의 뒤에서 앞으로 바늘을 통과시킨 다음 오른쪽으로 한 땀 뜨고 첫 땀을 중심으로 오른쪽으로 뜬 만큼 바늘을 앞쪽에 원단 뒤로 통과시킵니다. 그다음 첫 땀 바로 옆에서 다시 바늘을 앞에서 뒤쪽으로 원단을 통과시킵니다.

01 바늘을 원단의 위에서 아래로 찔러 넣고 한 땀 지나서 나옵니다.

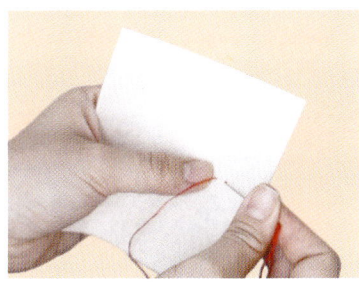

02 첫 땀 가까이에서 바늘을 원단 위에서 아래로 다시 찔러 넣습니다.

03 첫 땀 간격만큼 지나서 원단 아래에서 위로 바늘을 뺍니다.

04 한 세트가 완성되었습니다.

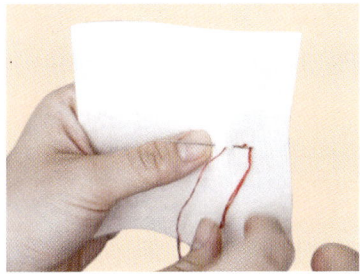

05 01~04의 과정을 원하는 만큼 반복합니다.

06 여러 번 반복하면 사진과 같은 모양이 됩니다.

감침질

두 겹의 원단을 튼튼히 연결할 때 쓰입니다. 바늘땀이 겉으로 드러납니다.

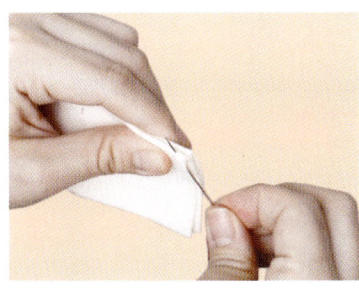

01 앞쪽 원단의 시접 사이로 바늘을 찔러 뺍니다.

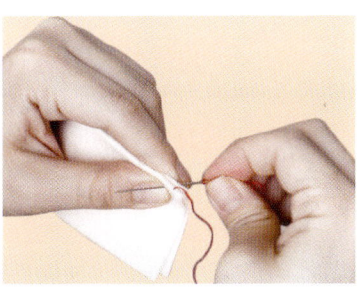

02 뒤쪽 원단과 앞쪽 원단을 통과하여 바늘을 빼냅니다.

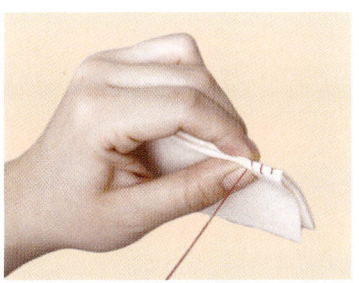

03 01, 02의 과정을 반복하면 사진과 같은 모양이 됩니다.

공그르기

두 겹의 원단을 바늘땀이 보이지 않게 연결할 때 쓰입니다.

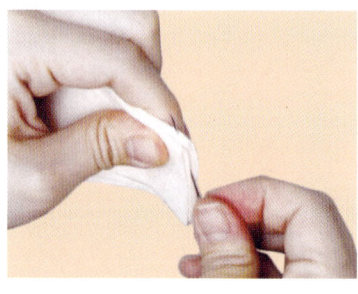
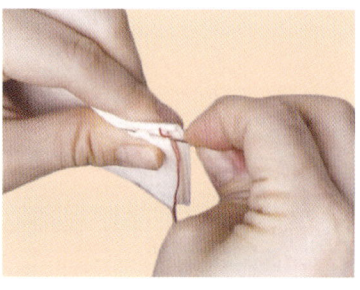
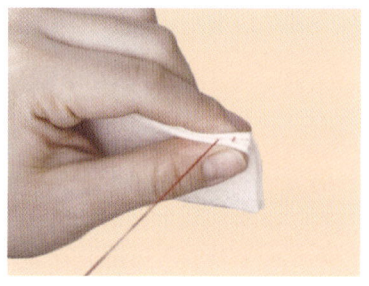

01 원단의 접힌 부분의 안쪽에 바늘을 넣어 위로 뺍니다.

02 반대쪽 원단의 접힌 부분에 바늘을 넣어 왼쪽으로 한 땀 뜹니다.

03 실을 잡아당기면 사진과 같은 모습이 되어 바늘땀이 겉으로 보이지 않습니다.

실고리 만들기

비즈나 단추를 이용하여 여밈을 할 때 비즈나 단추를 걸 수 있는 실고리를 직접 만들어 사용합니다.

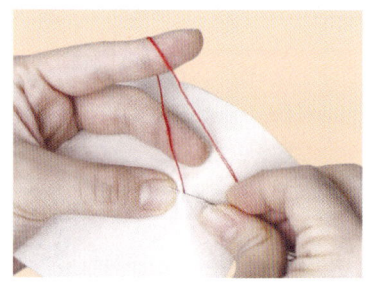
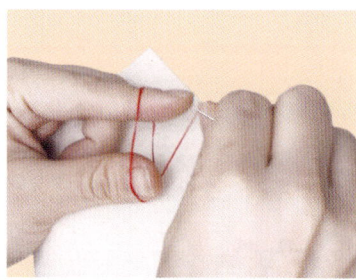
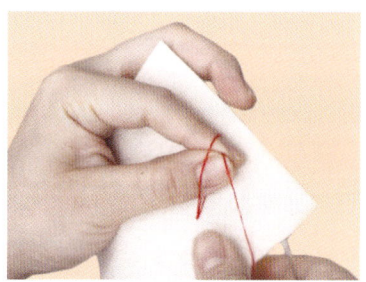

01 원단의 아래에서 위쪽으로 바늘을 통과시킨 다음 한 땀을 뜹니다.

02 왼손 엄지를 이용하여 원을 만듭니다.

03 왼손 엄지와 검지를 이용하여 바늘 쪽 실을 원 안으로 빼냅니다.

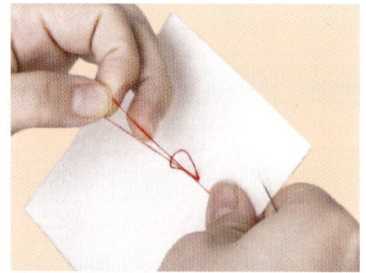
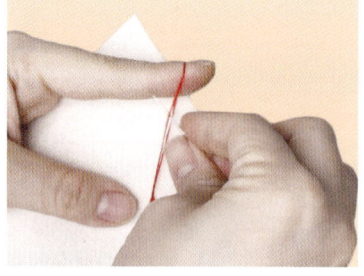
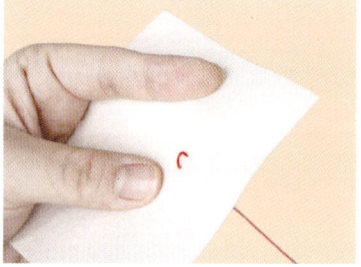

04 오른손 엄지로 바늘 쪽 실을 누른 다음 잡아당깁니다. 01~03번 과정을 반복하여 원하는 길이만큼 만듭니다.

05 원하는 길이만큼 만들었으면 원 안으로 바늘을 통과시켜 잡아당겨줍니다.

06 고리를 걸 실고리라면 간격만큼 떨어뜨려 바늘을 원단 아래로 통과시켜 매듭지어 마무리합니다.
TIP 비즈를 걸 실고리라면 첫 땀 바로 옆으로 바늘을 통과시켜 매듭지어줍니다.

페더 스티치

깃털을 표현한 자수법으로 양쪽을 오가며 놓습니다. ※ 익숙해질 때까지는 안내선을 그려놓고 작업하면 좋아요.

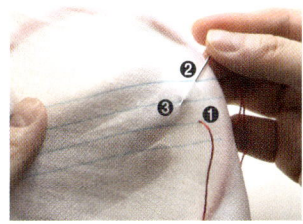 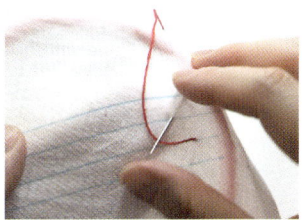 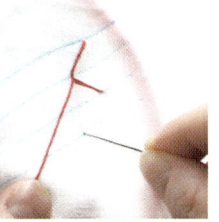

01 원단 아래에서 위로 바늘을 통과시킨 후 ❶ ❷의 위치에 바늘을 찔러 ❸으로 빼냅니다.

02 바늘 아래에 실을 걸어 빼냅니다.

03 실을 잡아당긴 상태에서 사선으로 오른쪽 아래를 바늘로 찔러 원단 위에서 아래로 통과 시켜 사선 방향 위쪽으로 빼냅니다.

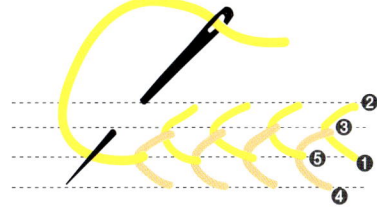

체인 스티치 & 레이지 데이지 스티치

체인 모양의 스티치로 연속된 선 모양의 장식에 많이 쓰입니다. 체인 스티치를 하나로 마무리하면 레이지 데이지 스티치가 됩니다. 레이지 데이지 스티치는 꽃을 표현할 때 주로 사용됩니다.

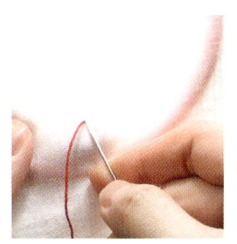 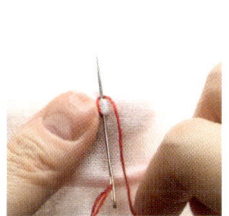 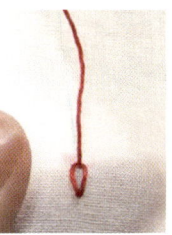 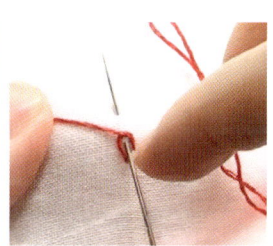 

01 원단 아래에서 위로 바늘을 통과시킨 후 바로 옆에 한 땀 떠서 바늘에 실을 겁니다.

02 바늘을 그대로 빼냅니다. 실 한쪽을 엄지로 누른 후 1번을 반복합니다.

지은이: 라디오(최지은)
블로그: blog.naver.com/radiovoice
인스타그램: @lovelyravely

Chapter 1

이상한 나라의 앨리스
Alice in Wonderland

헨젤과 그레텔
Hansel and Gretel

앨리스 의상 세트

앨리스 하면 하늘색 원피스에 하얀색 앞치마가 제일 먼저 떠오르더라고요.
귀여운 퍼프 소매와 넓게 퍼지는 치마에
망사와 레이스로 만든 앞치마를 매치해보았습니다.

· 구성 ·

원피스, 앞치마, 드로즈, 타이즈(타이즈는 옷본만 제공: 헨젤 타이즈와 동일)

step1. 앨리스 원피스

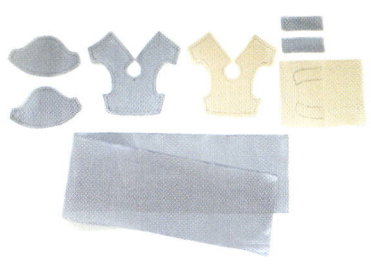 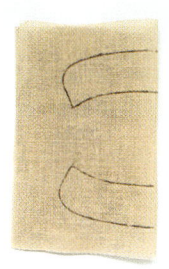 

01 옷본대로 원단을 재단한 뒤 각각의 재단 면 모두에 올풀림 방지액을 발라줍니다.

02 칼라 원단은 반으로 접은 후 옷본을 대고 그려줍니다.

03 칼라를 사진처럼 옷본의 완성선을 따라 박음질합니다.

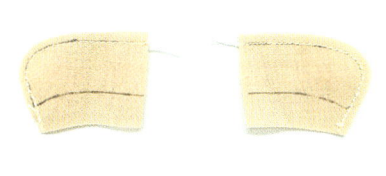  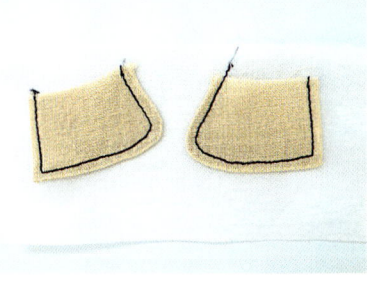

04 칼라의 곡선 부분 시접은 2~3mm, 목선 쪽 시접은 5mm 정도 남기고 자릅니다.

05 4의 칼라를 뒤집은 뒤 다림질합니다.

06 칼라의 겉쪽에서 남색 실을 이용하여 2~3mm 간격으로 상침합니다.

Tip 이때 한지나 습자지를 밑에 깔면 칼라 원단이 재봉틀에 빨려 들어가는 것을 방지할 수 있습니다.

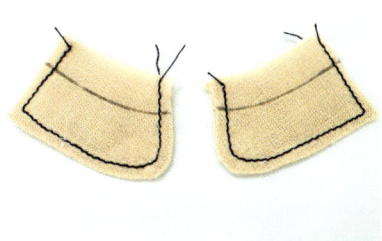  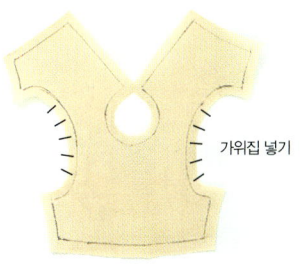

가위집 넣기

07 칼라 옷본을 재봉한 칼라에 대고 목선 쪽 완성선을 다시 그려줍니다.

08 목선 쪽 시접을 3mm 남기고 잘라냅니다.

09 상의 안감 진동 부분에 가위집을 준 다음 시접을 안쪽으로 접어 박음질합니다.

— 앨리스 원피스 —

 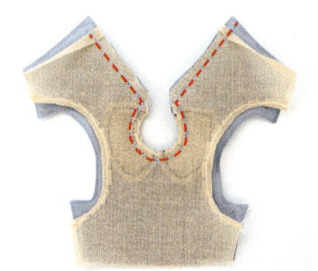 

10 상의 겉감의 겉과 칼라의 겉을 마주 대어 칼라를 시침핀으로 고정한 후 홈질합니다.
Tip 이때 상의 겉감에 중심선을 표시해서 칼라를 양옆으로 균형을 맞춰 달아줍니다.

11 칼라를 고정한 겉감 위에 안감의 겉을 마주 댄 후 목선을 따라 박음질합니다. 이때 안감의 뒤쪽 하단 허리 부분 시접은 접어서 박음질해 줍니다.

12 안감을 뒤집은 후 다림질하여 모양을 정리합니다.

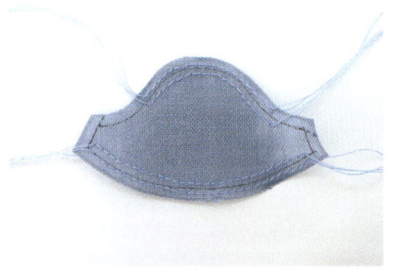 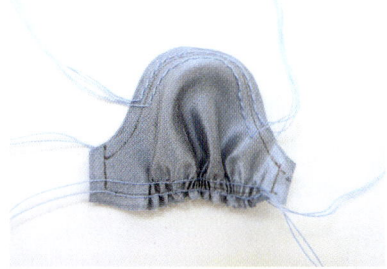 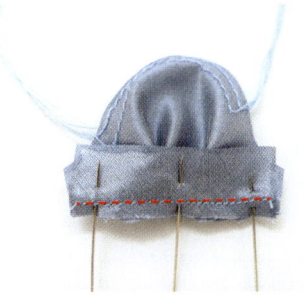

13 소매산과 소맷부리에 두 줄로 홈질합니다.
(완성선을 중심으로 위아래로 두 줄 홈질).
Tip 재봉틀을 사용할 경우 장력을 느슨히 하고 땀수를 넓게 해서 두 줄로 박음질해줍니다.

14 소맷부리의 홈질 실을 잡아당겨 주름을 적당히 잡아줍니다.

15 사진처럼 소매 겉과 소맷단의 겉을 마주 대고 완성선을 따라 박음질합니다.

박음질 후 소맷단을 꺾어준 모습

16 소맷단을 반으로 접은 후 시접을 안으로 접어 넣고 소맷단 윗선을 따라 박음질합니다. (주름을 잡았던 홈질 실은 제거 합니다.)

17 소매산의 홈질 실을 잡아당겨 주름을 잡아줍니다.

18 상의 겉감과 소매 겉감을 마주 대고 진동을 박음질하여 연결합니다. (주름을 잡았던 홈질 실은 제거 합니다.)

앨리스 원피스

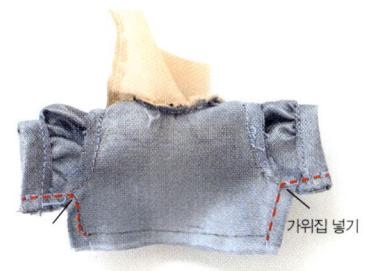

19 상의을 반으로 접어 옆선과 소매 안쪽을 연결하여 박음질합니다.

Tip 이때 소매 곡선 부분과 소매와 옆선이 만나는 부분에 가위집을 넣어줍니다.

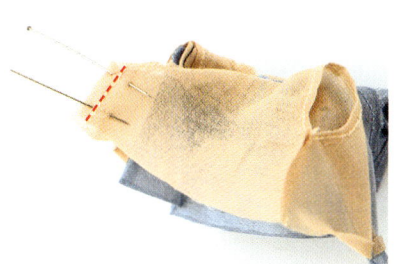

20 상의 안감 옆선도 시침핀으로 고정한 뒤 박음질로 연결합니다.

21 상의 겉감의 옆선 시접은 가름솔로 하여 다림질합니다.

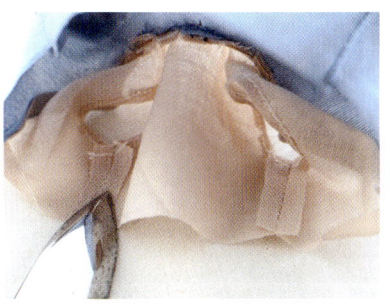

22 상의 안감의 옆선 시접도 가름솔로 하여 다림질합니다.

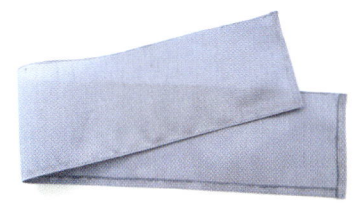

23 치마는 허리 부분을 제외한 시접을 안으로 접어 넣고 박음질합니다.

24 13번과 같은 방법으로 허리에 시접 부분을 두 줄로 홈질한 후 실을 잡아당겨 주름을 만들어 줍니다.

25 치마 주름을 다리미로 한 번 눌러서 정리해 줍니다.

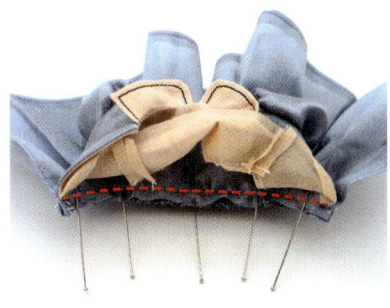

26 치마 겉과 상의의 겉을 마주 댄 후 허리선을 따라 박음질합니다. (주름을 잡았던 홈질 실은 제거합니다.)

27 안감 허리 부분은 시접만큼 안으로 접어 넣고 공그르기나 감침질로 고정합니다.

앨리스 원피스

28 어깨 끝선과 옆선 끝선도 한 땀씩 떠서 안감을 겉감에 고정해줍니다.

29 치마 뒤 중심을 사진과 같이 포갠 후 밑단에서 옷본에 표시 부분까지 박음질해줍니다.

30 뒤쪽 여밈 부분에 스냅 단추를 달아 주고 전체적인 모양을 확인합니다.

• 만드는 과정 •

step2. 앨리스 드로즈

01 옷본대로 원단을 재단한 후 재단 면 모두에 올풀림 방지액을 발라줍니다.

02 속바지 밑단의 겉과 레이스의 겉을 마주 대어 시침핀으로 고정한 후 완성선을 따라 박음질합니다.

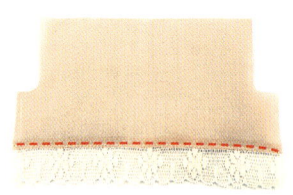

03 레이스를 아래로 내리고 시접을 위로 꺾어 다림질한 후 완성선 위쪽을 상침하여 고정합니다. 같은 방법으로 다른 쪽도 준비합니다.

앨리스 드로즈

04 겉면끼리 맞대고 가랑이 부분의 완성선을 따라 박음질합니다.

05 가랑이 부분의 시접은 가름솔로 하여 다림질합니다.

06 허리 부분을 옷본에 표시된 시접만큼 안쪽으로 두 번 접어 다림질한 후 허리선을 박음질합니다.

안쪽의 모양

07 속바지 밑단 안을 위로 오게 하여 레이스 시접 위에 고무줄을 올려 박음질합니다.

Tip 고무줄을 최대한 팽팽하게 잡아당겨 박음질합니다.

08 뒤집개를 허리선으로 통과시킨 후 고무줄을 건 다음 잡아당깁니다. 허리 폭은 7cm 정도로 맞춥니다.

Tip 고무줄 한쪽 끝을 접어서 고리에 걸어야 고무줄이 뒤집개에서 빠지지 않습니다.

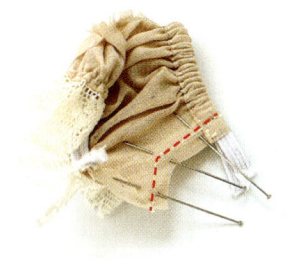

09 양쪽 가랑이의 겉과 겉을 마주 대고 시침핀으로 고정한 뒤 완성선을 따라 박음질합니다.

Tip 뒤집개는 동대문종합상가 부자재 코너에서 구할 수 있습니다.

가위집 넣기

10 가랑이 시접의 곡선 부분에 가위집을 넣어줍니다.

11 바지 앞판과 뒤판을 마주 댄 후 허벅지 안쪽 부분을 박음질해줍니다.

12 박음질한 속바지를 뒤집어서 정리한 후 앞쪽에 리본을 달아 완성합니다.

step3. 앨리스 앞치마

01 망사 원단에 옷본을 놓고 재단합니다. 이때 상판은 사진처럼 망사 원단에 옷본만 고정하여 준비합니다.

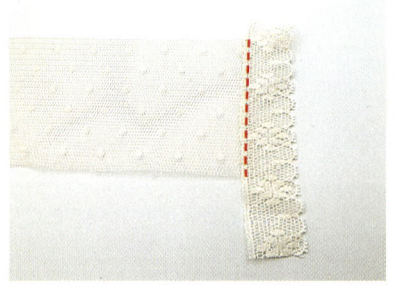

02 치마 양옆에 레이스를 올려 박음질합니다. 이때 레이스는 아래로 길게 남겨서 잘라줍니다.

03 치마 밑단에도 레이스를 올려 박음질해줍니다. 레이스도 아래로 길게 남겨 자릅니다.

Tip 망사 위에 레이스를 올려 박음질할 경우 밑에 화선지나 습자지를 깔아주면 망사가 재봉틀 안으로 빨려 들어가는 것을 방지해줍니다.

04 옆선과 아랫단 레이스가 교차하는 부분까지만 박음질해줍니다.

05 치마 옆선을 아랫단에 맞춰 사진처럼 접어줍니다.

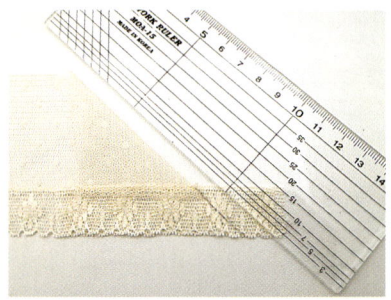

06 자를 이용하여 접어놓은 라인에 맞춰 사선으로 레이스에 보조선을 그려줍니다.

07 6에서 그려준 선을 따라 박음질한 후 시접만 남겨놓고 잘라줍니다.

08 박음질한 레이스를 다림질하여 정리합니다.

09 다른 쪽도 같은 방법으로 박음질해줍니다.

― 앨리스 앞치마 ―

10 허리 주름을 잡기 위해 허리 부분 시접에 두 줄로 홈질합니다.
Tip 재봉틀을 이용할 경우 화선지나 습자지를 레이스 밑에 깔고 박음질한 후 종이를 제거해줍니다.

11 홈질 실을 잡아당겨 주름을 만들어줍니다.

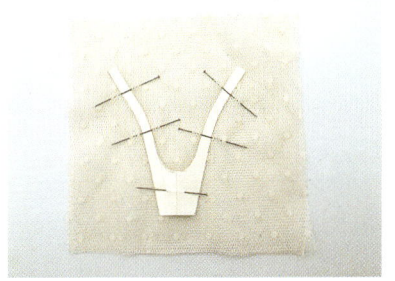

12 망사 두 겹을 겹친 다음 그 위에 옷본을 놓고 시침핀으로 고정합니다.
Tip 망사 원단에는 펜으로 옷본을 그리기 어렵기 때문에 이런 방법을 사용하면 좋아요.

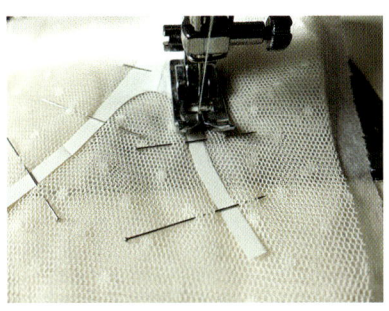

13 옷본을 따라 허리 부분의 시접을 포함한 옆선과 목선을 박음질해줍니다.

14 재봉 후 옷본은 제거합니다.

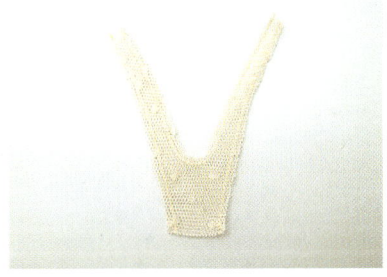

15 재봉선에서 3mm 정도를 시접으로 남기고 나머지는 잘라냅니다.
Tip 망사는 비치기 때문에 시접이 넓으면 깔끔해 보이지 않아요. 3mm 정도가 적당합니다.

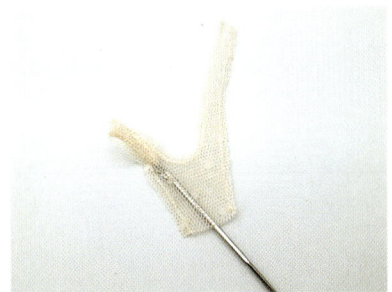

16 뒤집개를 사용하여 뒤집어줍니다.

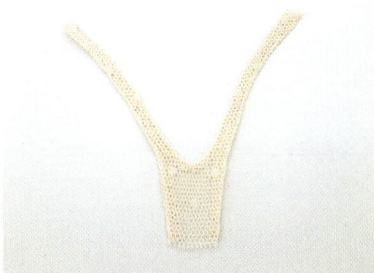

17 16을 다리미로 다려 정돈합니다.
Tip 다리미 온도에 주의하세요. 낮은 온도에서 다려야 망사가 울거나 타는 것을 방지할 수 있어요.

18 앞판 양옆에 레이스를 달아줍니다. 사진처럼 앞판 겉면이 위로 오게 하고 그 위에 레이스(겉면이 위로 시접만 겹치게)를 위치시킨 후 진동을 따라 박음질합니다.
Tip 무늬가 있는 레이스의 경우 좌우 대칭을 고려해야 합니다.

― 앨리스 앞치마 ―

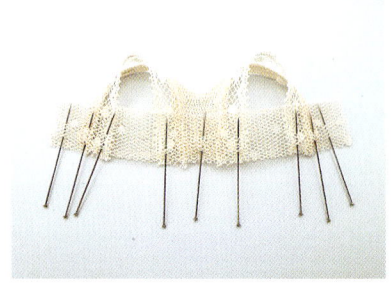

19 허리띠 두 장 사이에 상판(앞판과 어깨끈)을 옷본에 표시된 곳에 위치시킨 다음 시침핀으로 고정하고 완성선을 따라 박음질합니다.

20 박음질한 허리띠를 각각 아래로 꺾어 내려준 뒤 다리미로 다려 모양을 잡아줍니다.

21 허리띠 앞쪽 겉면과 치마 겉면을 마주 대어 시침핀으로 고정한 뒤 완성선을 따라 박음질합니다.

22 뒤쪽 허리띠를 아래로 내려서 시접을 안으로 꺾어 넣고 시침핀으로 고정합니다. 이때 허리띠 양 끝부분의 시접도 접어 고정합니다.

23 앞치마의 겉쪽에서 허리띠와 치마가 연결된 완성선을 따라 박음질해줍니다.

24 허리를 묶을 끈이 될 레이스(폭 8mm, 길이 28~30cm 정도)를 허리띠에 고정한 다음 위아래 두 줄로 박음질합니다.

그레텔 원피스 세트

조끼를 겹쳐 입은 듯한 조끼 절개 패턴의 원피스입니다.
빨강, 노랑, 검정의 발랄한 색 조합으로
유럽 전통 의상의 강렬한 느낌을 표현해보았습니다.
레이스로 뚝딱 만들어 입힌 앞치마가 소녀 감성을 더하네요.

• 구성 •

원피스, 앞치마, 양말(옷본만 제공)

step1. 그레텔 원피스

01 옷감의 뒷면에 옷본을 대고 그린 다음 재단 합니다. (상의 앞판 옷본은 2번을 참고하세요.)

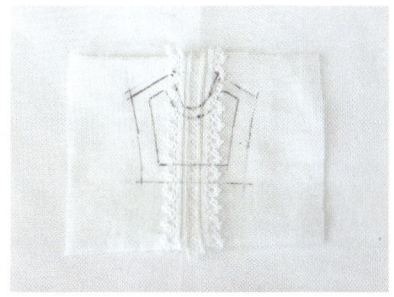

02 원단 중심에 레이스를 올려 박음질한 다음 에 원피스 상의 옷본을 잘 맞춰 그린 후 재단합 니다.

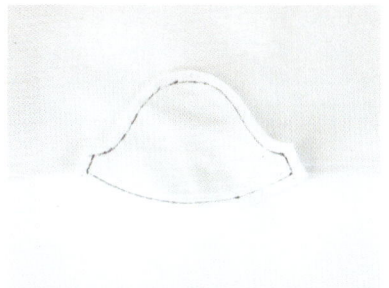

03 소매 하단 완성선을 중심으로 위아래에 두 줄로 홈질합니다.
Tip 재봉틀을 사용할 경우 장력을 느슨히 하고 땀수를 넓게 두어 두 줄로 박음질합니다.

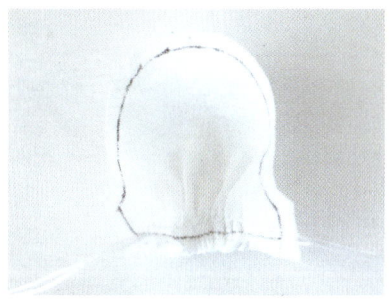

04 3번에서 홈질한 실을 양옆으로 잡아당겨 소 매 하단의 폭을 3.5cm 정도로 맞춥니다.

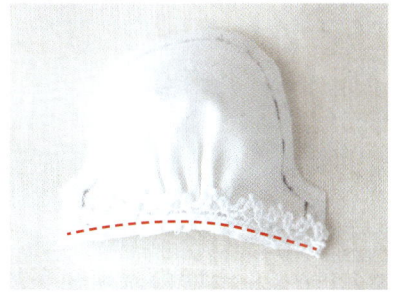

05 소맷단으로 쓸 레이스를 폭 3.5cm로 자른 후 레이스의 겉과 소매 겉을 마주 대어 완성선 을 따라 박음질합니다. (레이스의 하단을 소매의 시접 끝 에 맞춥니다.)

06 레이스를 단 소매의 시접을 위쪽으로 꺾은 후 소매 하단의 완성선 바로 위쪽을 상침하여 모 양을 잡아줍니다. 3~6번을 반복하여 나머지 소 매도 만들어줍니다. (연결 후 주름을 잡았던 홈질 실 은 제거합니다.)

07 3번과 마찬가지로 바늘땀 간격을 길게 하여 소매산 위쪽 시접에 두 줄로 홈질합니다.

08 7번에서 홈질한 두 줄을 양옆으로 적당히 잡아당겨 주름을 만들어줍니다.

09 조끼 모양이 될 앞판 상의 원단을 겉과 겉끼 리 마주 보게 한 후 앞중심의 완성선을 따라 박 음질합니다.

그레텔 원피스

10 앞 중심 시접은 가름솔로 하여 다림질합니다.

11 검은 망 겉면에 상의 앞판의 겉을 마주 보게 놓은 뒤 목둘레를 따라 박음질합니다.

12 앞판의 모양대로 망을 자릅니다.

13 박음질한 목둘레를 중심으로 뒤집어 겉이 보이게 한 뒤 다림질합니다.

14 레이스를 단 앞판에 13의 조끼를 겉이 위로 오게 하여 앞 중심을 맞춰 시침핀으로 고정한 뒤 조끼의 목둘레를 따라 상침합니다.

15 뒤판의 겉과 14의 상의 앞판을 마주 보게 한 뒤 박음질하여 어깨를 연결합니다.

16 15의 상의 몸통의 겉과 소매의 겉을 마주 보게 한 뒤 소매산의 중심부터 시침핀을 꽂아 고정한 다음 완성선을 따라 박음질하여 양쪽 소매를 연결합니다. (연결 후 주름을 잡았던 홈질 실은 제거합니다.)

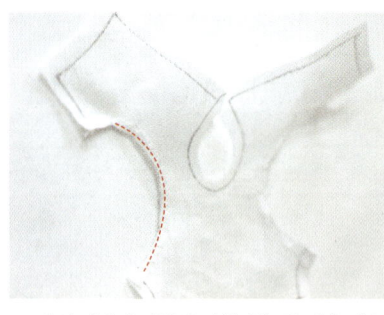

17 상의 안감의 진동에 가위집을 준 다음 안으로 꺾어 박음질합니다.

18 앞판 겉감과 안감의 겉을 마주 보게 한 후 뒤 여밈 부분과 목선을 따라 박음질합니다.

— 그레텔 원피스 —

19 안감을 뒤집은 후 목선과 뒤여밈을 다림질해 모양을 잡습니다.

20 상의를 어깨를 중심으로 반으로 접어 옆선과 소매 안쪽을 연결하여 박음질합니다.

21 안감의 양쪽 옆선도 완성선을 따라 박음질합니다.

 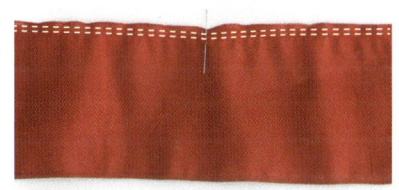 

22 옆선 시접을 가름솔로 하여 다리미로 다린 뒤 뒤집어 상의의 모양을 정리합니다.

23 치마의 밑단을 한 번 접어 박음질한 후 허리 부분에 중심을 표시하고 시접쪽 상단에 바늘땀 간격을 넓게 하여 두 줄로 홈질해줍니다.
Tip 손바느질할 경우 치맛단은 시접을 꺾어 공그르기해줍니다.

24 홈질한 실 두 줄을 양 옆으로 잡아당겨 허리 길이만큼 줄여서(22번 상의의 하단 폭만큼) 주름을 만들어줍니다.

25 상의의 겉과 치마의 겉을 마주 대고 시침핀으로 고정한 뒤 완성선을 따라 박음질로 연결합니다.

26 치마의 뒤 중심을 완성선에 맞춰 밑단에서 4cm 정도까지만 박음질합니다.

27 뒤 중심 시접을 가름솔로 하여 다리미로 다립니다.

그레텔 원피스

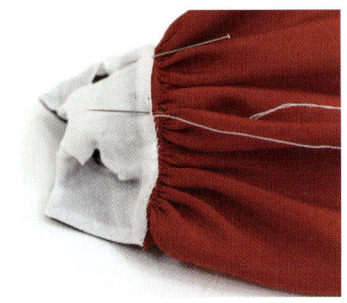

28 상의 안감의 시접을 안으로 접어 치마에 감침질로 고정합니다.

29 목 부분 레이스를 11cm로 잘라서 화선지를 레이스 아래에 대고 위아래 두 줄로 박음질한 다음 화선지는 제거 합니다.
Tip 박음질 시 땀수는 넓게 잡고 손바느질의 경우는 홈 질해주세요.

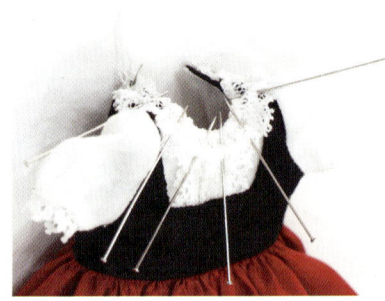

30 목선을 장식할 레이스의 박음질한 실을 양쪽으로 잡아당겨 목둘레 길이에 맞게 조정한 다음 목선에 대고 시침핀으로 고정하고 목선을 따라 홈질합니다.

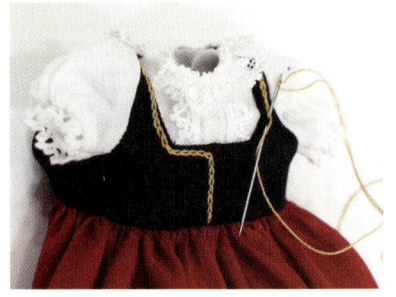

31 조끼 목둘레와 앞 절개선을 따라 체인 스티치를 놓아 꾸며줍니다.
Tip 체인 스티치 방법은 35쪽을 참고하세요.

32 조끼 앞 중심에 적당한 간격으로 비즈를 3개 달아 단추처럼 표현해줍니다.

33 목 중심에 리본을 달고 뒤여밈에 스냅 단추 2개를 달아 마무리합니다.

step2. 그레텔 앞치마

01 앞치마로 쓸 길이 5cm, 폭 8cm의 레이스를 준비한 다음 레이스 끝을 5mm 간격으로 두 번 접어서 화선지를 밑에 깔고 박음질한 다음 화선지는 제거합니다.

02 박음질한 양 옆 부분을 다림질한 다음 레이스 윗부분(허리 쪽)에 2mm 간격으로 두 줄로 홈질하고 홈질 실을 당겨 폭을 3cm로 맞춥니다.
Tip 주름 잡힌 부분을 다리미로 살짝 눌러준 다음 작업하면 모양이 더 예뻐요.

03 폭 5mm, 길이 30cm의 긴 레이스를 2번 위에 올려 시침핀으로 고정한 뒤 위아래 두 줄로 박음질하여 허리끈을 연결합니다.
Tip 허리끈 양 끝에 올풀림 방지액을 발라주세요.

헨젤 의상 세트

스웨이드 원단에 스티치와 자수 블레이드로
유럽의 전통 복식을 표현해봤어요.
다른 의상과의 코디가 가능하도록 모자와 셔츠는
다양한 소재와 색상으로 만들어보세요.

• 구성 •

페도라, 반바지, 셔츠, 타이즈(옷본만 제공)

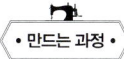

step1. 헨젤 셔츠

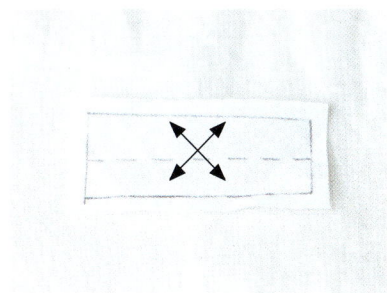

01 원단의 뒤쪽에 셔츠에 필요한 옷본을 그려 재단하여 준비합니다. 이때 소맷단은 식서 방향이 아닌 바이어스 방향으로 재단합니다.

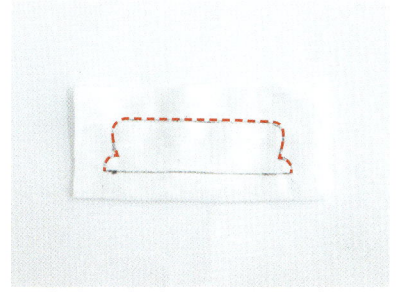

02 칼라는 원단 두 장을 겹쳐 안쪽에 옷본대로 칼라를 그린 후 목둘레를 제외한 부분을 박음질해줍니다. 시접은 2~3mm만 남겨두고 잘라냅니다.

03 칼라 시접에 가위집을 넣어준 후 뒤집어 다리미로 다려줍니다.

04 앞판은 옷본에 표시된 만큼 안단(시접)을 접어서 다려줍니다.

05 앞판과 뒤판의 겉과 겉을 마주 대어 어깨를 시침핀으로 고정한 후 박음질합니다.

06 어깨 시접은 가름솔로 하여 다리미로 다려줍니다.

07 앞판의 겉과 칼라의 겉을 마주 대고 시침핀으로 고정합니다. (이때 칼라의 양끝은 다리미로 접어 다린 안단선 안쪽에 위치해야 합니다.)

08 안단을 칼라 위로 꺾어 접은 후 칼라 완성선을 따라 박음질합니다.

09 안단을 뒤집은 다음 칼라와 앞판을 연결한 목 부분 시접을 아래로 꺾어준 뒤 겉쪽에서 목선을 따라 상침합니다.

― 헨젤 셔츠 ―

10 반으로 접은 소맷단을 소매 안쪽과 마주 댄 후 시침핀으로 고정한 뒤 완성선을 따라 박음질 합니다.

11 소맷단을 겉감 쪽으로 꺾은 후 다림질합니다.

12 몸판의 진동과 소매를 시침핀으로 고정한 뒤 박음질합니다.

Tip 소매산의 중심부터 시침핀을 꽂아주어야 몸통과 소매의 중심을 잘 맞출 수 있습니다.

13 어깨를 중심으로 반으로 접어 옆선과 진동 부분을 연결하여 박음질합니다.

14 상의의 옆선 시접은 가름솔로 하여 다리미로 다립니다.

15 안단을 밖으로 뒤집은 후 안단의 아랫단을 안단 폭 만큼 재봉합니다.

Tip 안단 시접의 끝 부분을 사선으로 잘라줘야 시접이 뭉치는 것을 방지할 수 있습니다.

16 봉제한 안단을 다시 뒤집어서 셔츠 아랫단 시접을 안쪽으로 접어 넣고 박음질합니다.

17 앞여밈 양쪽에 한 쌍의 벨크로를 박음질하여 달아줍니다.

18 앞여밈 부분에 비즈를 달 위치를 1cm 간격으로 표시한 다음 비즈를 달아 마무리합니다.

step2. 헨젤 반바지

01 원단에 바지 옷본을 그려 재단한 후 앞판 절개선끼리 박음질해줍니다.

02 시접은 양옆으로 가른 후 박음질 선 양옆을 따라 두 줄로 각각 상침합니다.

03 앞판과 뒤판의 옆선을 연결해줍니다.

04 2번과 마찬가지로 시접을 가름솔로 정리한 다음 재봉선을 따라 양 옆을 각각 상침합니다.

05 앞판과 뒤판을 연결한 두 패널의 겉과 겉을 마주 보게 하고 바지의 중심선을 박음질해 줍니다. (사진은 박음질 후 펼친 모습)

06 바지 밑단의 시접을 접어 박음질합니다.

07 허리 길이로 자른 검정 망사를 바지 겉면에 대고 허리선을 따라 박음질합니다.

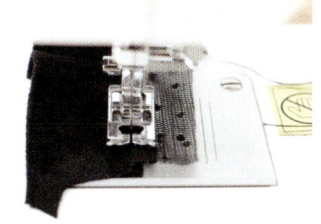

08 망사를 위로 젖힌 후 허리선을 따라 시접 쪽에 상침합니다.

09 안감이 될 망사는 1cm만 남기고 자릅니다.

― 헨젤 반바지 ―

10 망사를 바지 겉쪽으로 꺾어 뒤중심 완성선을 따라 박음질해 줍니다.

11 망사를 안쪽으로 뒤집어 준 후 겉쪽에서 허리선을 따라 상침합니다.

12 반을 접어 뒤 중심끼리 마주 보게 하여 완성선을 따라 박음질한 후 시접에 가위집을 넣어줍니다.

13 앞 중심과 뒤 중심을 마주 보게 하여 시침핀으로 고정한 후 바지가랑이를 박음질합니다.

14 바지를 겉으로 뒤집어서 모양을 잡아준 뒤 허리선에서 5mm 아래 떨어진 위치에 체인 스티치를 놓아줍니다.
Tip 안내선을 그린 후 작업하면 좋습니다.

15 앞쪽 절개선 안쪽으로 페더 스티치를 놓아줍니다.
Tip 체인 및 페더 스티치는 35쪽을 참고하세요.

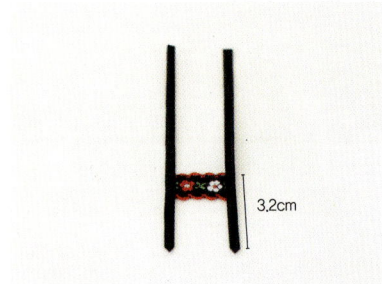

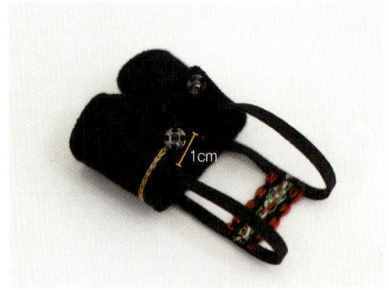

16 리본을 스웨이드 끈 아래에서 3.2cm 위치에 놓고 박음질로 고정합니다. (스웨이드 끈은 길이 9cm, 리본은 폭 1cm, 길이 2.5cm)

17 바지 앞 중심에 벨트를 맞춘 후 단추와 함께 끈을 고정합니다.

18 뒤 중심에서 1cm 떨어진 위치에 끈의 끝을 각각 바지 안쪽에 박음질로 고정한 다음 뒤여밈 부분에 스냅 단추를 달아 마무리합니다.

step3. 헨젤 모자(페도라)

01 페도라를 만들 원단과 심지를 준비합니다.

02 원단 안쪽 면과 심지 접착 면을 마주 댄 후 다림질로 붙여줍니다.

03 심지를 붙인 부분에 페도라의 몸통 부분과 뚜껑 부분 옷본을 놓고 그려줍니다.

04 모자 챙 부분은 겉감으로 두 장, 몸통 부분과 뚜껑 부분은 겉감과 안감 한 쌍씩을 재단하여 준비합니다.

05 몸통 부분을 심지쪽이 보이게 반으로 접어 사진처럼 연결합니다.

06 5에서 연결한 부분의 시접을 반으로 갈라 다림질해줍니다.

07 박음질한 몸통 부분을 뒤집어서 박음질한 부분 양쪽을 사진처럼 각각 상침합니다.

08 다시 뒤집은 후 V자로 들어간 부분에 가위집을 넣어줍니다.

09 뚜껑과 몸통 부분을 연결합니다. 이때 시침핀으로 앞, 뒤 중심을 먼저 고정시켜주세요.

헨젤 모자(페도라)

10 뚜껑과 몸통 부분을 시침질로 연결합니다.

11 시침질한 부분을 박음질한 후 시침질한 실은 제거합니다.

12 뒤집어서 시접을 몸통 쪽으로 내려준 후 연결 부위의 재봉선을 따라 상침합니다.

13 같은 방법으로 안감도 만들어주세요.

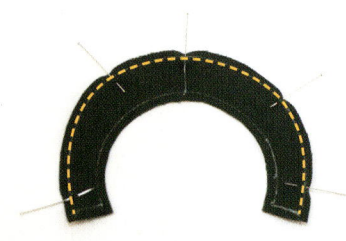

14 챙이 될 원단 두 겹을 겹쳐놓고 바깥쪽 반원 부분을 완성선을 따라 박음질합니다.

15 바깥쪽 시접을 짧게 잘라준 뒤 뒤집어서 다림질합니다.

16 15의 챙을 뒤집어서 사진처럼 시침핀으로 고정한 뒤 박음질로 연결합니다.

17 연결한 부분의 시접을 가름솔로 하여 다림질합니다.

18 다시 겉면으로 뒤집어서 모양을 잡아준 다음 챙에 3mm 간격으로 세 줄을 박음질합니다.

— 헨젤 모자(페도라) —

19 챙 겉 부분과 몸통 겉 부분을 마주 댄 후 시침핀으로 고정시켜줍니다. 이때 뒤 중심과 앞 중심을 먼저 고정시켜주세요.

20 완성선 조금 윗부분의 시접 쪽에 시침질합니다.

21 완성선을 따라 박음질하여 챙을 연결하고 시침실을 제거합니다.

22 연결 부위의 시접을 몸통 쪽(위로)으로 꺾은 후 연결 부위의 완성선을 따라 상침합니다.

23 모자를 뒤집은 후 안감을 덮어씌운 다음 안감 밑단을 안으로 접어 넣고 시침핀으로 고정합니다.

24 감침질로 안감과 겉감을 고정한 다음 다시 뒤집어줍니다.

25 모자를 장식할 끈과 깃털을 준비합니다. 끈은 8cm 길이로 자른 후 끝에 올풀림 방지액을 발라둡니다.

26 모자에 끈을 둘러주고 같은 색 실로 군데군데 한 땀씩 떠서 고정합니다.

27 깃털 장식을 모자에 고정시킨 후 챙을 접어 모양을 냅니다.

지은이: Ebool's Something
블로그: blog.naver.com/jin12bool
인스타그램: @ebools

Chapter 2

빨간모자
Little Red Riding Hood

빨강머리 앤
Anne of Green Gables

빨간모자 의상 세트

빨간모자의 필수 아이템인 빨간 망토와 원피스입니다.
원피스는 자수로 꾸며보았어요.
자수 놓기가 어렵다면 비즈나 리본으로 장식해도 좋습니다.

※ 망토는 겉감 및 안감을 동일한 색상의 40수 면을 사용했습니다.
※ 재봉선이 잘 보이도록 흰색 또는 빨간색 실을 사용하였으나 실제로 만들 때는 준비된 옷감 색에 맞는 색의 실을 사용해주세요.

· 구성 ·

망토, 자수 원피스

step1. 빨간모자 망토

01 후드 겉감의 겉과 겉을 마주 보게 한 뒤 뒤통수의 완성선을 따라 박음질한 다음 곡선 부분에는 가위집을 넣어줍니다.

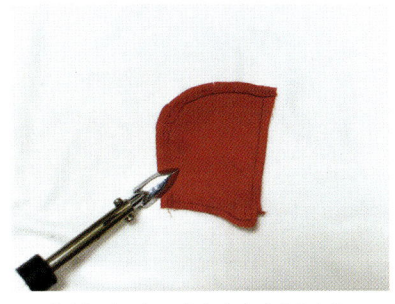

02 시접은 가름솔로 갈라서 다림질합니다.

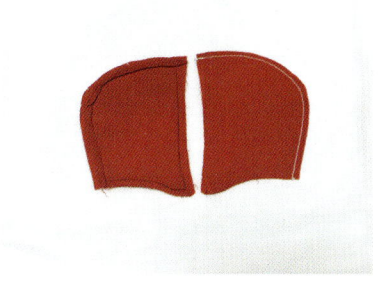

03 후드의 안감도 1~2 단계를 반복하여 재봉합니다.

04 후드의 겉감과 안감의 겉과 겉을 마주 보게 한 다음 얼굴 쪽 완성선을 따라 박음질합니다.

05 몸통의 앞판과 뒤판을 겉과 겉은 마주 보게 하여 사진처럼 박음질로 연결합니다. (안감의 몸통도 마찬가지 방법으로 준비합니다.)

06 안감의 몸통 목둘레 및 하단의 오목하게 들어간 곡선 부분에 사진처럼 가위집을 넣고 양끝 모서리는 사선으로 잘라줍니다. 앞판과 뒤판을 연결한 부분의 시접은 가름솔로 하고 목둘레 시접은 몸통 쪽으로 접어 다림질합니다.

07 몸통의 겉감과 안감을 겉과 겉을 마주 보게 하여 완성선을 따라 박음질하고 양끝 모서리 부분은 사선으로 자르고 오목하게 들어간 곡선 부분에는 가위집을 넣어줍니다.

08 7을 목 쪽으로 뒤집은 다음 다림질합니다.

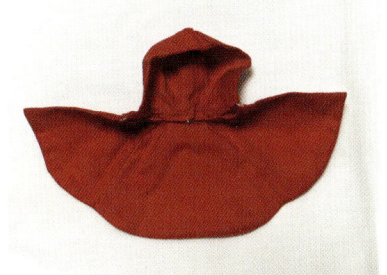

09 후드와 몸통의 겉과 겉이 마주 보게 놓고 후드 겉감과 몸통의 겉감의 목둘레 부분을 시침핀으로 고정한 다음 완성선을 따라 박음질합니다.

―― 빨간모자 망토 ――

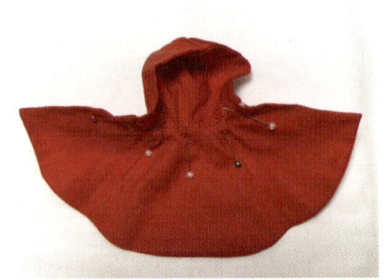  

10 후드와 몸통의 겉감을 재봉한 목둘레의 시접을 몸통의 안감과 겉감 사이에 넣고 몸통 안감의 시접은 안쪽으로 접어 목둘레를 따라 시침핀으로 고정합니다.

11 그대로 감침질로 마무리합니다.

12 앞여밈 한쪽 안쪽에 후크를 답니다. (덮는 쪽)

13 반대쪽 겉에 후크를 걸 수 있게 실고리를 만듭니다.

14 리본 양쪽 끝의 시접을 접어 홈질이나 박음질합니다.

15 반을 접어 완성선을 따라 박음질하고 시접은 가름솔로 합니다.

16 15를 뒤집어 재봉선이 가운데 오도록 다림질한 뒤 리본 중심을 각각 실로 묶어 주름을 만듭니다.

17 두 개의 리본을 사진처럼 겹친 다음 같은 원단으로 중심을 감싼 뒤에서 감침질하여 마무리합니다. (이때 중심을 감싸는 원단의 시접을 안으로 꺾어 재봉합니다.)

18 리본의 긴 부분을 아래쪽으로 내려 살짝 겹쳐 모양을 잡아 준 다음 몇 땀을 떠서 고정시킵니다. 망토의 앞쪽(후크를 단 쪽의 겉면)에 리본을 달아줍니다.

step2. 빨간모자 자수 원피스

01 원단을 옷본대로 재단하여 준비합니다. 원피스 앞판에는 자수를 놓을 것이므로 앞판1 옷본은 수틀에 끼울 수 있게 준비한 다음 사진처럼 수틀에 끼워 자수를 놓습니다. 자수가 어렵다면 비즈나 꽃 장식 등을 달아주세요.

02 앞판1은 시접선을 따라 재단을 한 뒤 테두리에 올풀림 방지액을 바릅니다. (다른 부분도 원단에 옷본을 그린 후 시접선을 따라 재단하고 올풀림 방지액을 바릅니다.)

03 바이어스는 반을 접어 시접을 아래로 향하게 하여 앞판1에 겹쳐 완성선 바깥쪽 시접 부분을 시침질하여 고정합니다.

04 재단한 앞판2에 주름을 잡기 위해 완성선 2mm 위쪽 시접 부분에 두 줄로 홈질합니다.

05 홈질한 실을 당겨서 주름을 잡습니다. (주름을 잡은 뒤의 둘레가 상의 앞판1의 하단 둘레 정도 되게 맞춥니다.)

06 앞판1과 앞판2의 겉과 겉을 마주 보게 한 뒤 완성선을 따라 박음질합니다. (박음질 후 5의 홈질 실은 제거합니다.)

07 뒤판2에 주름을 잡아주기 위해 완성선 2mm 위쪽 시접 부분에 두 줄로 홈질합니다.

08 실을 당겨 주름을 잡습니다. (뒤판1의 하단 둘레에 맞도록)

09 뒤판1과 뒤판2을 겉과 겉을 마주 보게 하여 시침핀으로 고정한 후 완성선을 따라 박음질합니다.

10 시접을 위로 꺾어 올린 후 다림질하고 상하의 연결선 2mm 위쪽을 상침합니다. 7~10번을 반복하여 뒤판 반대쪽도 완성합니다.

11 원피스 겉감의 앞판과 뒤판의 어깨를 연결합니다. 겉과 겉을 마주 보게 한 뒤 완성선을 따라 홈질 또는 박음질합니다.

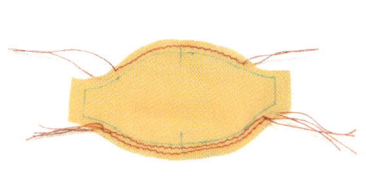

12 퍼프 소매를 만들기 위해 소매의 위아래 부분을 사진처럼 홈질합니다. (아래 쪽은 두 줄로 홈질합니다.)

13 소맷단 쪽의 홈질한 실을 당겨 주름을 만듭니다.

14 소매와 소맷단의 겉과 겉을 마주 보게 하여 시침핀으로 고정한 뒤 완성선을 따라 박음질이나 홈질하여 소맷단을 연결합니다. (시접은 2mm 정도만 남기고 잘라냅니다.)

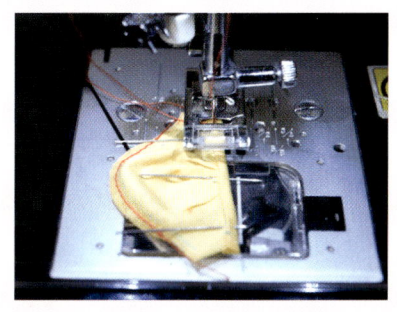

15 소맷단을 아래로 꺾어 시접은 안으로 접어 넣고 겉쪽에서 상침합니다.

16 소매산 부분의 주름을 잡아줍니다.

17 원피스 몸통 진동의 겉과 소매의 겉을 마주 보게 하여 박음질로 연결 후 시접은 지그재그 박음질로 마무리합니다. (올풀림 방지액을 발랐을 때 생략 가능)

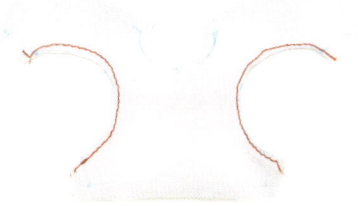

18 안감1은 진동 부분의 시접에 칼집을 넣고 안쪽으로 접은 뒤 홈질이나 박음질합니다.

― 빨간모자 자수 원피스 ―

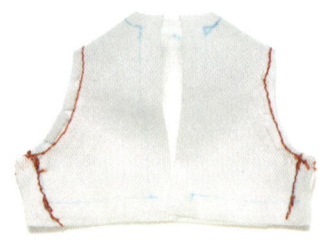

19 어깨를 중심으로 겉과 겉을 마주 보게 접어서 옆구리 부분을 박음질합니다.

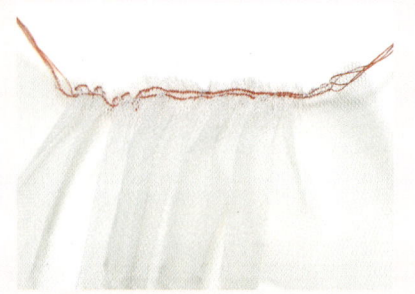

20 안감2의 상단 완성선 2mm 위쪽 시접에 두 줄로 홈질한 다음 홈질실을 당겨 주름을 잡아줍니다.

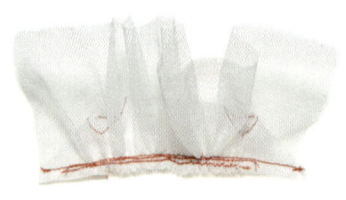

21 상의와 치마의 겉과 겉을 마주 보게 하여 시침핀으로 고정한 다음 완성선을 따라 박음질합니다.

22 연결 부위 시접을 위로 꺾어 올린 후 상하의 연결선 2mm 위쪽을 상침합니다.

23 재단한 칼라를 반으로 접어 다림질합니다.

24 겉감, 칼라, 안감 순서로 겹쳐 완성선 2mm 위쪽 시접에 시침질로 고정합니다.

25 목둘레 완성선에 맞춰 박음질한 다음 시침실은 제거합니다. 목둘레 시접에 칼집을 내어줍니다.

26 뒤집은 뒤 칼라 및 목선 부분을 다림질로 정리합니다.

27 겉감의 앞판과 뒤판을 겉과 겉이 마주 보게 한 뒤 겨드랑이부터 치마 하단까지 박음질합니다. (겨드랑이 곡선부분은 칼집을 냅니다.)

*휘갑치기 – 오버록

28 안감과 겉감을 사진처럼 정리한 다음 뒤여밈 안단을 옷본의 표시된 곳까지 박음질합니다(상침). 그 뒤 목둘레 모서리 부분의 시접을 사선으로 잘라줍니다.

29 밑단을 휘갑치기(혹은 지그재그 박음질)로 정리합니다.

30 치마 하단의 시접을 안으로 접어 박음질합니다.

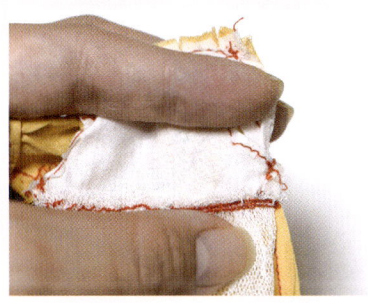  

31 안감을 고정하기 위해 안감 겨드랑이 시접과 겉감 겨드랑이 시접을 시침질해줍니다.

32 안감의 치마와 겉감의 치마를 ㄱ자로 연결하여 한번에 박음질합니다.

33 뒤집어 모양을 잡아주고 다림질합니다.

34 뒤여밈에 스냅 단추 두 개를 적당히 달아 마무리합니다.

빨간모자 잠옷 세트

동화 〈빨간모자〉에서 늑대가 빨간모자의 할머니 잠옷을 입고
빨간모자를 기다리는 장면이 나오는데요.
그 잠옷을 모티브로 빨간모자의 잠옷을 만들어보았어요.
핀턱과 실크 리본으로 꾸며보았습니다.

• 구성 •

잠옷, 잠옷 모자

• 만드는 과정 •

step1. 빨간모자 잠옷 모자

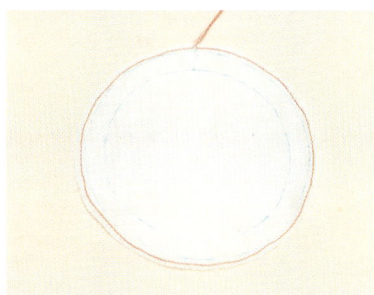

01 모자 옷본의 시접선에서 3mm 안쪽 부분을 사진과 같이 홈질합니다.

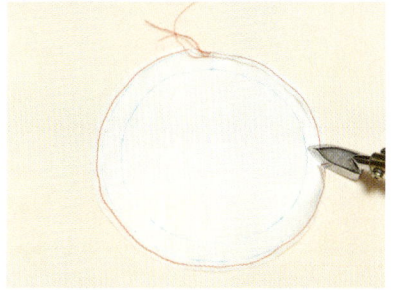

02 홈질한 실을 살짝 잡아당겨가면서 시접을 꺾어 다림질합니다. (깔끔하게 시접을 접기 위한 과정입니다.)

※ 다림질 후에 홈질 실을 제거하면 더욱 깔끔합니다.

03 꺾어 넣은 시접을 고정하기 위해 바깥 완성선을 따라 상침합니다.

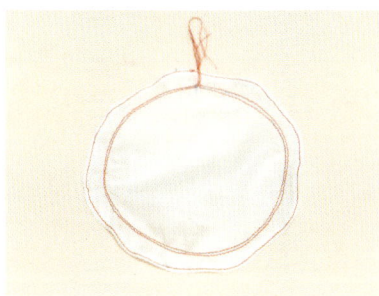

04 옷본 안쪽 완성선 중심으로 위아래 2mm 정도 떨어진 곳에 두 줄로 홈질합니다.

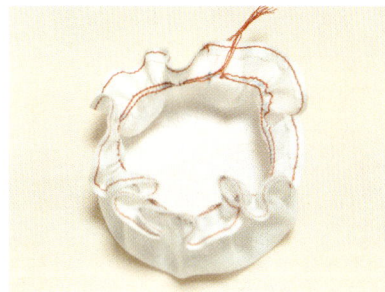

05 홈질한 실을 당겨 주름을 잡습니다.

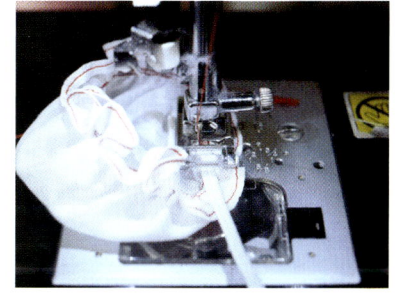

06 모자의 홈질한 부분의 처음 시작점에 고무줄 끝을 시침핀으로 고정 후 고무줄을 당겨 가며 지그재그 박음질을 합니다. (이때 고무줄의 길이는 10cm, 손바느질의 경우 고무줄의 위쪽과 아래쪽에 각각 두 줄로 홈질이나 박음질을 하여 고정합니다.)

Tip 고무줄은 미리 자르지 말고 10cm가 되는 지점을 표시한 뒤 재봉 후에 잘라줍니다.

07 5에서 주름을 잡기 위해 홈질한 실을 제거해줍니다.

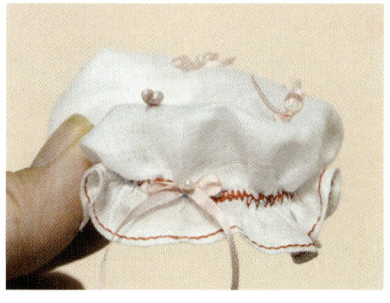

08 모자 위쪽에 작은 리본을 만들어 달고 모자 뒤 중심에도 사진처럼 리본을 달아줍니다.

step2. 빨간모자 잠옷

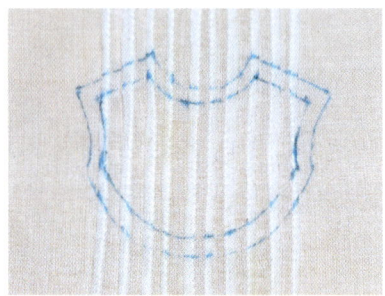

01 핀턱을 만든 원단에 앞판1을 그립니다.

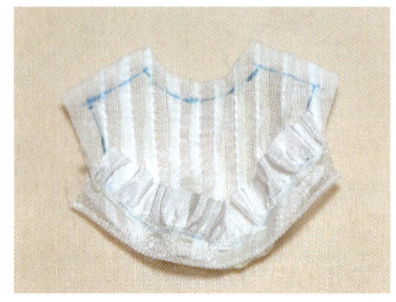

02 재단한 뒤 올풀림 방지액을 발라주고 아랫부분에 레이스를 시침질합니다.

03 앞판2의 시접부분에 주름을 만들기 위해 두 줄로 홈질합니다.

04 실을 당겨 주름을 잡아줍니다.

05 앞판1과 앞판2를 박음질로 연결한 뒤 시접을 위로 올려 겉에서 완성선 2mm 위쪽을 상침 해줍니다.

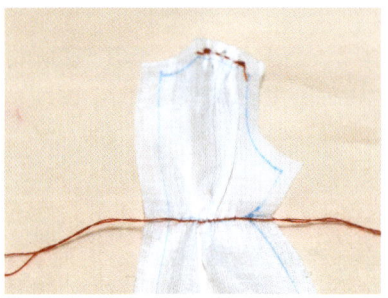

06 겉감 뒤판의 어깨와 허리 부분을 홈질하여 주름을 잡아줍니다.

07 앞판과 뒤판을 연결합니다.

08 소매의 시접을 안으로 접어 넣고 겉에서 상침합니다.

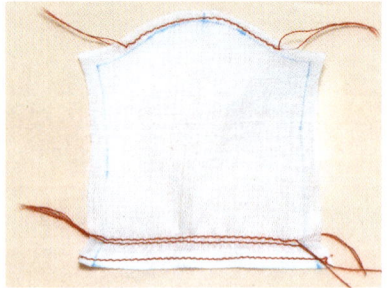

09 소매의 주름을 잡기 위해 완성선을 중심으로 위아래로 두 줄 홈질하고, 소매산 시접 부분에도 홈질합니다.

빨간모자 잠옷

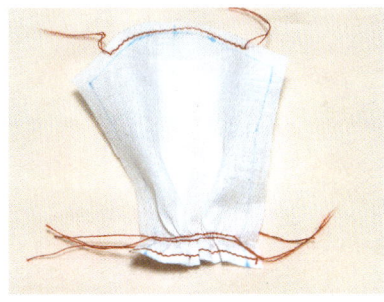

10 소매 밑부분을 홈질한 실을 당겨 주름을 잡습니다.

11 주름 잡은 부분에 레이스를 달아 상침해줍니다. (그뒤 홈질실은 제거합니다.)

12 소매산 부분의 실을 당겨 주름을 잡습니다.

13 몸판의 진동과 소매를 겉과 겉이 마주보게 하여 연결합니다.

소매 연결 후 겉에서 본 모습

14 소매 부분과 몸통을 연결한 진동의 시접 부분은 올이 풀리지 않도록 지그재그 박음질로 마무리합니다.

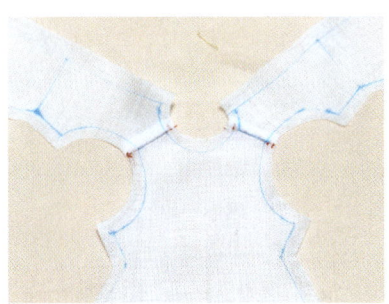

15 안감 앞판과 뒤판의 어깨를 연결합니다.

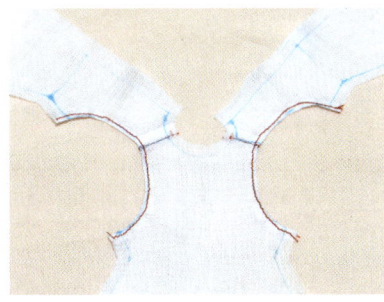

16 진동 부분의 시접에는 칼집을 넣은 다음 안쪽으로 접고 겉에서 상침합니다.

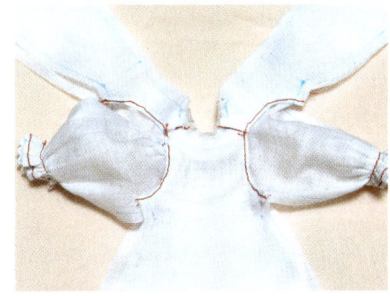

17 겉감의 겉, 칼라 대신 사용할 레이스의 겉, 안감(안감의 안쪽이 위로 오게)을 차례대로 겹쳐 완성선에서 2mm 떨어진 시접 부분에 시침질해줍니다. (레이스 방향 주의: 칼라가 될 레이스는 몸통 쪽으로 시접은 위쪽으로)

― 빨간모자 잠옷 ―

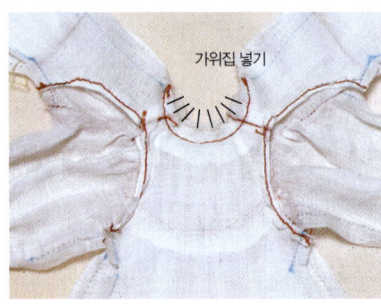

18 목둘레 완성선을 따라 박음질한 뒤 시침실은 제거합니다. 그리고 목둘레 시접 부분에 가위집을 내어줍니다.

19 안감의 옆구리를 박음질합니다.

20 안감 치맛단의 겉과 레이스의 겉을 마주 대고 완성선을 따라 박음질합니다.

21 올이 풀리지 않도록 휘갑치기 혹은 지그재그 박음질로 시접을 정리합니다.

22 시접을 위로 꺾어 올리고 겉쪽에서 레이스 윗부분을 상침합니다.

23 겉감의 소매 끝부터 옆구리를 연결하여 박음질합니다. (이때 허리 양쪽에 허리 끈으로 쓰일 리본을 같이 박음질합니다.)

24 원피스의 겉감의 치맛단의 시접을 지그재그 박음질 혹은 휘갑치기를 하여 올이 풀리지 않게 정리합니다.

25 치맛단의 시접을 안으로 접고 겉에서 상침합니다.

26 뒤여밈 양쪽을 목선부터 옷본에 표시한 부분까지 겉감과 안감의 겉과 겉을 마주 대고 박음질합니다. (목선의 모서리 시접 부분은 사선으로 잘라줍니다.)

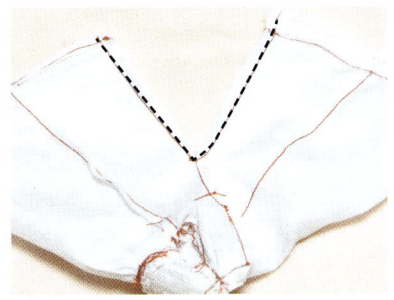

27 안감과 겉감의 치마를 사진처럼 연결하여 한번에 박음질합니다.

28 뒤집어 다림질로 정리합니다.

29 핀턱 장식 중앙에 리본과 비즈를 달아 장식합니다.

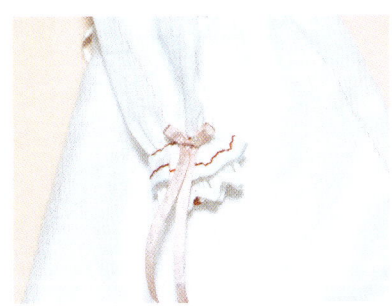

30 소매에는 리본과 비즈를 달아 장식합니다.

31 뒤쪽에 스냅 단추 두 개를 달아줍니다.

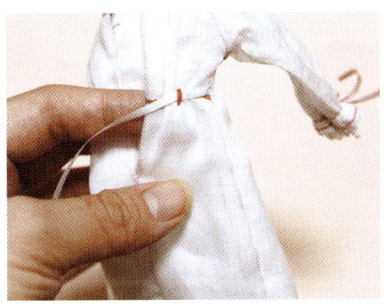

32 허리 뒤쪽에 허리 리본을 고정할 수 있는 실고리를 만들어 허리 리본을 여기에 통과시켜 고정합니다. (이 과정은 생략 가능)

빨강머리 앤 원피스 세트

앤의 발랄하고 검소한 이미지를 모티브로 원피스를 만들어보았어요.
장식에 따라 다양한 이미지를 연출할 수도 있답니다.
단순한 디자인의 앞치마는 만들기도 쉽고 코디하기 쉬운 잇템이 될 거예요.

· 구성 ·

원피스, 호박바지, 앞치마

step1. 앤 원피스

01 옷본대로 그려 재단한 뒤 앞판과 뒤판의 어깨를 겉과 겉을 마주 대고 박음질합니다. (이때 시접은 뒤쪽으로 꺾어줍니다.)

02 목 부분에 목 안감(까슬한 면이 위로 오게)을 맞대고 완성선을 따라 박음질합니다.

03 옷본에 표시해둔 것과 같이 두 군데에 가위집을 냅니다.

04 목 안감을 안쪽으로 넘겨 다림질합니다.

05 소매 밑단 시접을 접어 다림질합니다.

06 겉쪽에서 소매 밑단을 상침합니다.

07 소매산 부분을 홈질한 다음 실을 당겨 주름을 만들어줍니다.

08 몸판과 소매를 겉과 겉을 마주 보게 하여 시접 부분을 시침질하여 고정합니다.

09 완성선을 따라 박음질하여 몸판과 소매를 연결합니다. (반대쪽도 같은 방법으로 진행합니다.)

— 앤 원피스 —

10 어깨를 중심으로 안쪽이 보이게 반으로 접어 옆구리와 소매를 이어서 박음질합니다.

11 치마 밑단의 올풀림 방지를 위해 지그재그 박음질을 이용하여 정리한 다음 밑단의 시접을 접어 넣고 상침합니다.

12 치마 허리 시접 부분(완성선에서 2mm 위)에 두 줄로 홈질한 다음 실을 당겨 주름을 잡아줍니다. (이때 치마의 허리둘레는 상의의 하단 둘레에 맞춰줍니다.)

13 상의와 치마를 겉과 겉을 마주 대어 완성선을 따라 박음질합니다.

14 시접을 위로 꺾어 다림질합니다.

15 안쪽에 보이게 세로로 반을 접어 치맛단부터 옷본 표시 지점까지 완성선을 따라 사진과 같이 박음질합니다.

16 원피스를 겉으로 뒤집은 다음 뒤여밈 부분의 시접을 안으로 접어 다림질합니다.

17 뒤여밈 양쪽을 사진과 같이 상침해줍니다.

18 스냅 단추 두 개를 달아 마무리합니다.

Tip 원단에 반쯤만 걸치게 스냅 단추를 달아주면 여며지는 부분이 두툼해지는 것을 방지할 수 있습니다.

step2. 앤 호박바지

01 앞판 2장을 재단하여 겉과 겉을 마주 대고 밑위 부분을 박음질합니다.

02 시접의 곡선 부분에 가위집을 낸 뒤 오른쪽으로 시접을 넘겨 다림질합니다.

03 뒤판과 2번의 앞판을 겉과 겉을 마주 보게 하여 사진처럼 옆선을 박음질합니다.

04 시접을 뒤쪽으로 넘겨 다림질합니다.

05 반대쪽에 같은 방법으로 뒤판을 연결한 다음 펼칩니다.

06 허리 부분은 말아 박기 하거나 시접을 접어 상침합니다.

07 밑단도 허리와 같은 방법으로 재봉합니다.

08 연결한 바지 안쪽에서 허리 상단 7mm 아래에 고무줄을 대고 지그재그 박음질합니다. 이때 고무줄은 최대한 팽팽히 당겨줍니다.

09 밑단에서 5mm 위에 고무줄을 대고 지그재그로 박음질합니다. 이때 고무줄은 최대한 팽팽하게 당겨줍니다.

앤 호박바지

10 안쪽이 보이게 반으로 접은 뒤 밑위를 박음질합니다.

11 바지 앞판과 뒤판을 잘 정리한 뒤 바지 밑선부터 허벅지 안쪽을 쭉 연결하여 박음질합니다.

12 바지를 겉으로 뒤집어주면 완성입니다.

• 만드는 과정 •

step3. 앤 앞치마

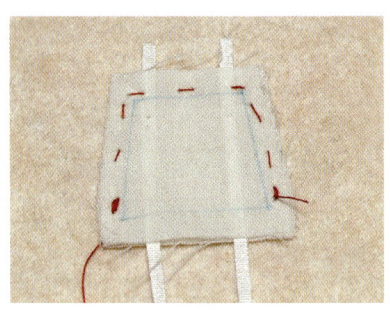 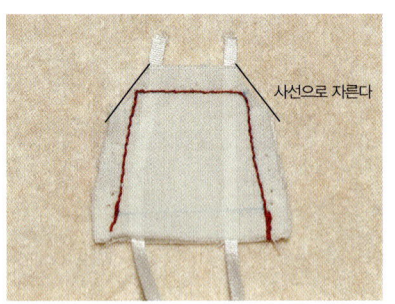 

01 윗판 옷본 두 장을 겉과 겉을 마주 보게 한 뒤 그 사이에 어깨끈을 넣어 위치를 잡은 후 완성선 2mm 위에 시침질로 고정합니다.

02 완성선을 따라 사진처럼 박음질한 다음 양 끝의 시접을 사선으로 잘라줍니다. (시침질한 실은 제거합니다.)

03 밖으로 뒤집은 다음 다림질로 모양을 잡아줍니다. 그리고 테두리를 따라 사진처럼 상침합니다.

앤 앞치마

04 치마 밑단은 말아 박기 하거나 시접을 접어 넣고 상침하여 정리합니다.

05 치마 상단의 시접 부분을 홈질하여 치마 허리 둘레가 9cm가 되도록 주름을 잡아줍니다.

06 치마 안감 하단의 시접을 올풀림 방지를 위해 지그재그 박음질합니다.

  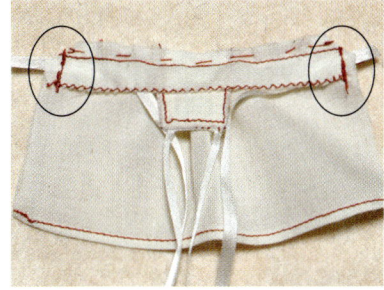

07 치마와 윗판은 겉과 겉이 마주 보게 포개고 그 위에 안감을 올린 다음 중심을 맞추어 시침질로 고정합니다.

08 허리 완성선을 따라 박음질합니다.

09 안감과 치마 양 옆에 허리를 묶을 리본을 시침핀으로 고정한 다음 박음질합니다.

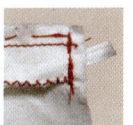

리본을 연결하는 부분을 확대한 모습

10 허리 부분의 시침실을 제거하고 시접을 짧게 잘라낸 다음 허리 부분을 뒤집어 줍니다.

11 치마의 양옆 시접 부분을 다림질합니다.

12 겉쪽으로 돌려 사진에 표시한 대로 외곽 라인을 따라 상침합니다.

다이애나 원피스 세트

다이애나의 검정 머리에 잘 어울릴 만한 푸른빛 원피스를 만들어보았어요.
부풀린 소매는 앤의 로망이기도 하죠. 원피스에 어울리는 얌전하고
귀여운 앞치마도 함께 만들어보세요.
속바지(호박바지)를 만드는 방법은 앤의 것과 동일합니다.

· 구성 ·

원피스, 속바지, 앞치마

• 만드는 과정 •

step1. 다이애나 원피스

01 몸통 앞판을 사진처럼 망사와 리본을 사용하여 꾸며 자리를 잡아 준 뒤 시침질합니다.

02 리본 양옆을 두 줄로 상침하고 시침실은 제거합니다.

03 앞판과 뒤판을 각각 겉과 겉을 마주 대고 어깨를 박음질하여 연결합니다.

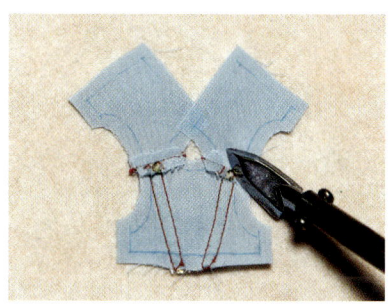

04 어깨 시접은 가름솔로 하여 다림질합니다.

05 칼라를 반 접어 다림질합니다.

06 몸판과 칼라를 겉과 겉을 마주 대고 시침한 다음 박음질합니다.

안쪽에서 본 모습

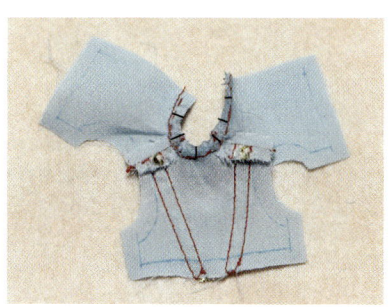

07 목 부분 시접에 가위집을 넣어줍니다.

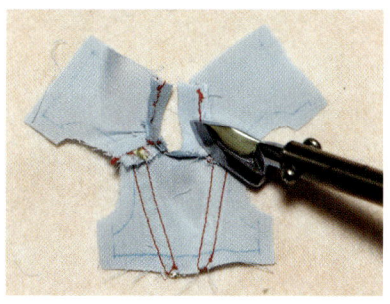

08 칼라와 목선의 시접을 아래로 꺾어 다림질합니다.

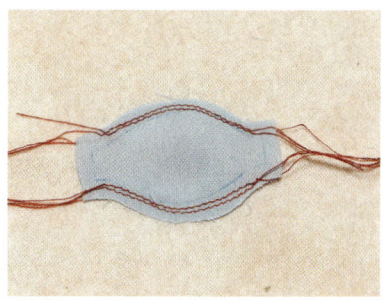

09 소매산과 소맷부리에 주름을 잡기 위해 각각 두 줄로 홈질합니다.

다이애나 원피스

10 소맷부리 쪽 홈질한 실을 당겨 주름을 만들어줍니다.

11 소맷단은 하단 시접을 안으로 꺾어 다림질한 다음 상침합니다.

12 소매와 소맷단을 겉과 겉을 마주 보게 하여 시침질로 고정한 다음 완성선을 따라 박음질합니다. 시침실은 제거합니다.

13 소매산 쪽 홈질한 실을 잡아당겨 주름을 잡은 다음 소맷단과 소맷부리 쪽 시접을 위로 꺾어 다림질합니다. 반대쪽 소매도 같은 방법으로 만들어줍니다.

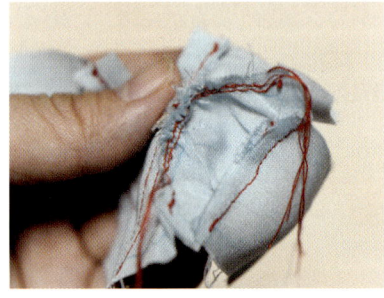

14 상의와 소매를 겉과 겉을 마주 대고 시침질로 고정한 뒤 박음질합니다.

15 다른 한쪽도 같은 방법으로 진행합니다.

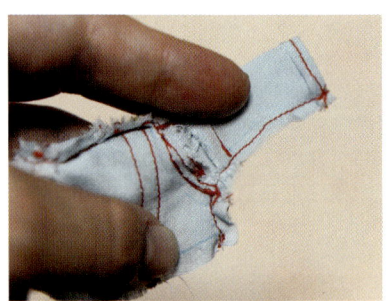

16 옆구리와 소매를 연결하여 박음질합니다.

17 치마 밑단의 올이 풀리지 않게 지그재그 박음질을 합니다.

18 치마의 겉쪽에 리본의 겉이 보이게 올려 박음질합니다.

― 다이애나 원피스 ―

19 치마 허리 시접 부분에 두 줄로 홈질한 다음 실을 당겨 주름을 잡아줍니다. 이때 치마 허리의 길이는 약 10cm가 되도록 합니다.

20 상의와 치마를 겉과 겉을 마주 대고 박음질합니다.

21 시접을 위로 꺾어 다림질합니다.

22 뒤집은 다음 허리선에 리본을 올려 시침질로 고정한 다음 리본을 두 줄로 상침합니다.

23 안이 보이게 반으로 접어 치맛단에서 옷본에 표시된 지점까지 박음질합니다.

24 겉으로 뒤집은 다음 뒤여밈 양쪽의 시접을 안으로 접어 넣고 다림질하여 고정합니다.

25 뒤여밈 양쪽을 각각 상침합니다.

26 스냅 단추 두 개를 달아 마무리합니다.

step2. 다이애나 앞치마

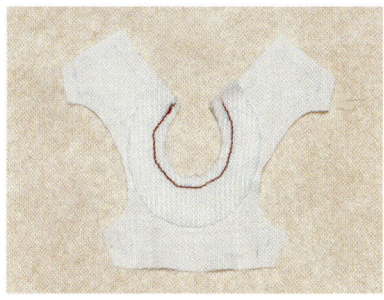

01 몸판에 심지를 올려 목선을 따라 박음질합니다. (이때 상의의 안쪽과 심지의 까슬한 부분이 바깥으로 향하게 겹쳐주세요)

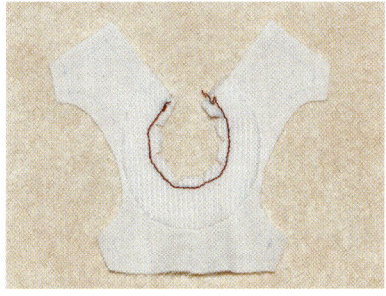

02 목선의 시접에 가위집을 내어줍니다.

03 바깥쪽으로 뒤집어 다림질합니다.

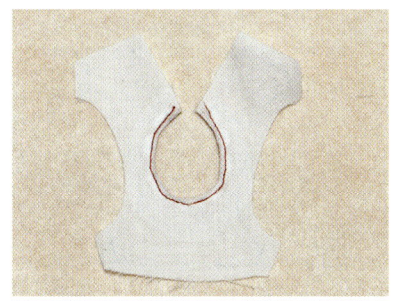

04 몸판 겉쪽에서 목선을 따라 상침합니다.

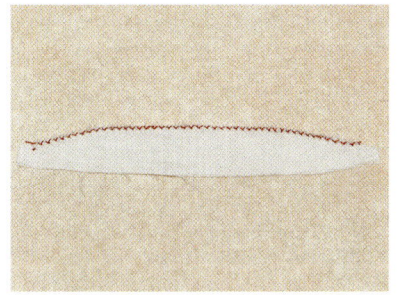

05 소맷부리 쪽 단은 올이 풀리지 않게 지그재그 박음질로 정리해줍니다.

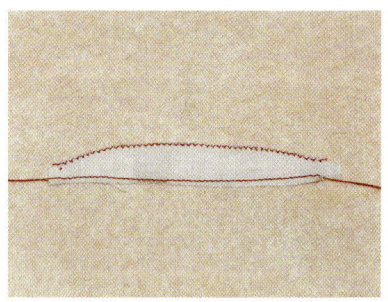

06 주름을 잡기 위해 소매산 쪽에 홈질합니다.

07 홈질한 실을 잡아당겨 주름을 만듭니다.

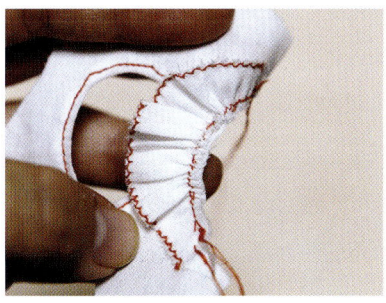

08 몸판과 소매를 시침질로 고정합니다.

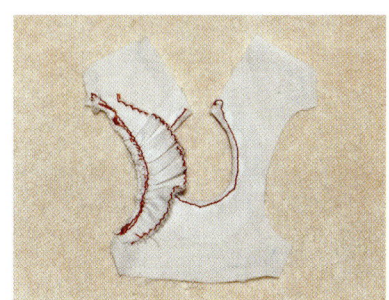

09 완성선을 따라 박음질하여 몸판에 소매를 연결하고 시침실을 제거합니다.

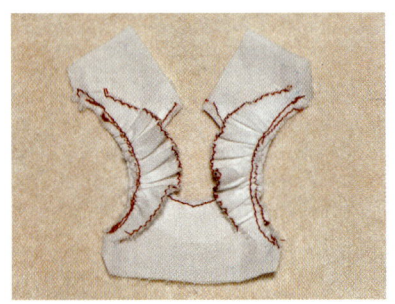

10 반대쪽도 같은 방법으로 진행합니다.

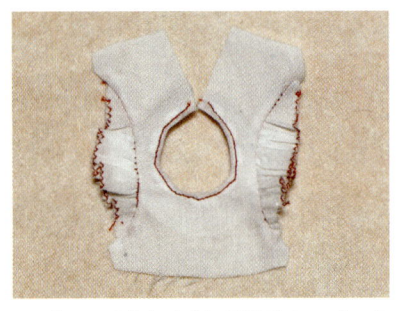

11 겉으로 뒤집어 시접은 몸통 쪽으로 꺾고 소매는 바깥쪽으로 향하게 하여 다림질합니다.

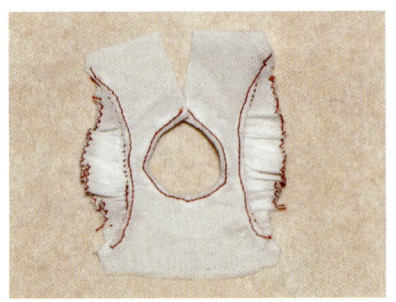

12 소매선을 따라 겉쪽에서 상침합니다.

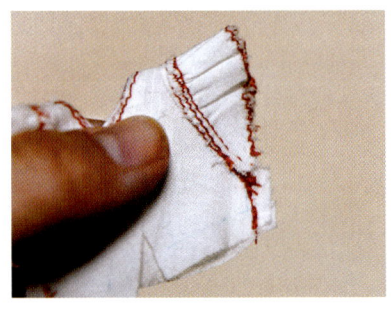

13 안이 보이게 어깨선을 중심으로 반을 접어 양쪽 옆구리를 박음질합니다.

14 치마 밑단과 레이스를 겉과 겉을 마주 보게 하여 박음질합니다.

15 시접을 위로 꺾어 다림질한 다음 겉쪽에서 상침합니다.

16 치마허리 쪽 시접에 두 줄로 홈질한 다음 실을 당겨 주름을 잡아줍니다. 이때 허리둘레는 9cm 정도가 되도록 합니다.

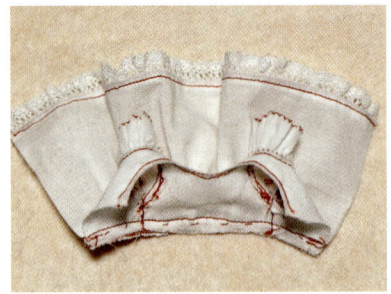

17 상의와 치마를 겉과 겉을 마주 대고 시침질한 뒤 완성선을 따라 박음질합니다. 시침실은 제거합니다.

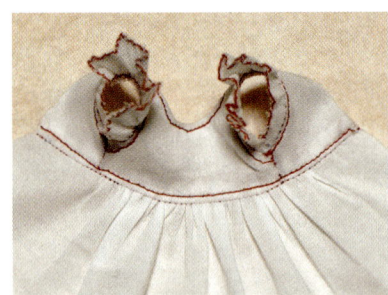

18 시접을 위로 꺾어 다림질한 다음 겉쪽에서 허리선을 따라 상침합니다.

다이애나 앞치마

 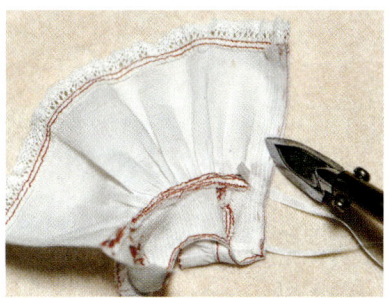 

19 어깨 리본과 허리 리본을 뒤여밈 양쪽에 적당히 위치시킨 다음 그 위해 심지를 올려 시침질로 고정한 다음 박음질합니다.

20 심지를 뒤로 넘겨 다림질합니다.

21 겉쪽에서 안단선을 따라 상침합니다. 다른 한쪽도 같은 방법으로 진행하여 완성합니다.

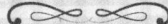

골디락스와 곰 세 마리
지은이: 시에스타
블로그: *minip.blog.me*
인스타그램: *@siesta_min*

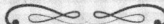

신데렐라
지은이: 김언니
블로그: *kimunnie1.blog.me*
인스타그램: *@kimunnie2*

오즈의 마법사
지은이: 바이올렛
블로그: *yayaya74.blog.me*
인스타그램: *@violet741202*

세일러복 소녀들
지은이: *Madame Flora*
블로그: *nicole0615.blog.me*
인스타그램: *@mfloradoll*

Chapter 3

골디락스와 곰 세 마리
Goldilocks and the Three Bears

신데렐라
Cinderella

오즈의 마법사
The Wizard of Oz

세일러복 소녀들
Girls in Sailor Dresses

골디락스 원피스

곰 세 마리의 주인공 말괄량이 골디락스.
골디락스의 이미지를 떠올리며 디자인한 원피스랍니다.
치마에 레이스를 덧대어 귀엽고 발랄한 분위기를 연출해봤어요.
덧대는 레이스의 종류만 바꿔도 여러 가지 느낌으로 연출할 수 있답니다.

• 구성 •

원피스

골디락스 원피스

01 옷감의 뒷면에 옷본을 대고 그린 다음 재단합니다. 올이 잘 풀리는 옷감일 경우 올풀림 방지액을 발라줍니다.

02 안감의 앞면과 뒷면의 어깨 부분을 맞대어 재봉합니다.

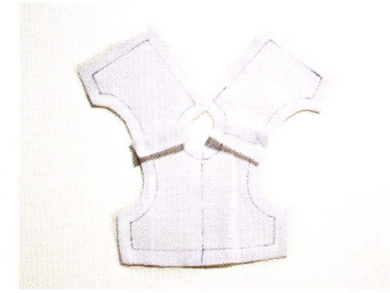

03 시접을 양쪽으로 갈라 접어줍니다.

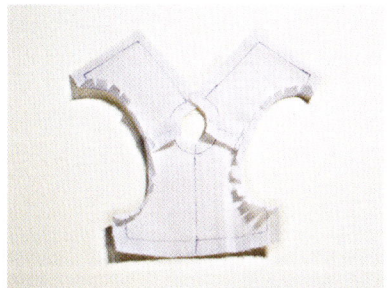

04 진동 시접에 가위집을 넣은 후 시접을 안으로 꺾어 겉쪽에서 상침합니다.

05 레이스를 고정하기 위해 칼라 겉면 가장자리에 접착제를 칠해줍니다.

06 레이스를 사진과 같이 칼라의 겉과 레이스의 겉면이 마주 보게 붙여줍니다.

07 칼라 안감을 위에 올리고 시침핀으로 고정합니다.

08 사진에 표시된 선을 따라 재봉합니다.

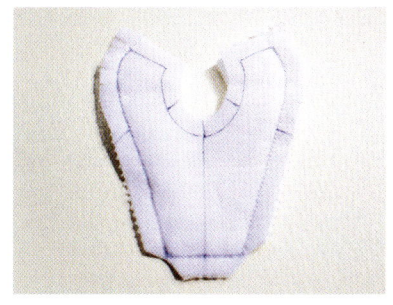

09 칼라 시접의 곡선 부분에 가위집을 넣고 칼라 하단 양쪽 시접은 사선으로 자릅니다.

골디락스 원피스

10 칼라를 뒤집은 후 겉쪽에서 가장자리를 따라 상침합니다.

11 원피스 상의 앞판과 뒤판의 겉과 겉을 마주 보게 하고 시침핀으로 고정한 다음 양쪽 어깨를 박음질합니다.

12 어깨의 시접은 가름솔로 하여 정리합니다.

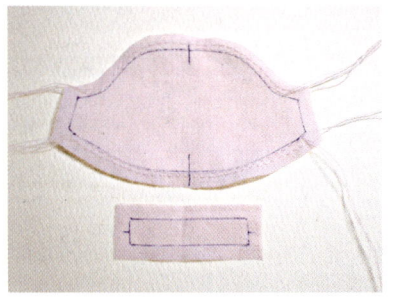

13 소매의 위아래 부분을 장력 1~2, 땀수 2.5 ~3mm 크기로 두 줄 박음질합니다. 두 줄로 박으면 주름이 더 고르게 잡힙니다. 각 줄의 윗실을 당겨 주름을 만들어줍니다.

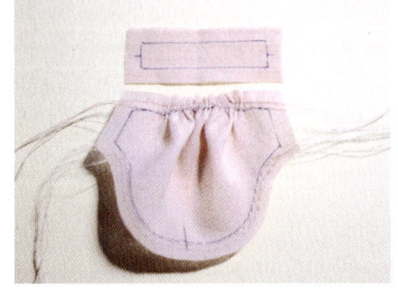

14 소맷단의 길이에 맞게 윗실을 당겨 조여줍니다.

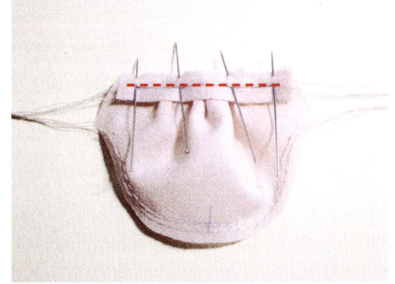

15 소맷단은 반을 접어줍니다. 소맷단과 소매를 맞대어 시침핀 고정 후 봉제선을 따라 재봉합니다. 반대쪽도 반복하여 만들어줍니다.

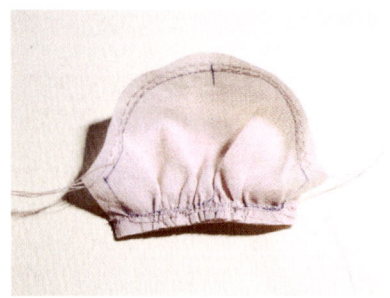

16 소매 윗부분도 윗실을 당겨 주름을 만들어줍니다.

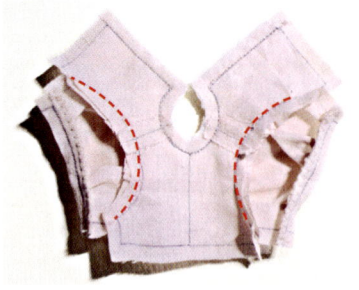

17 몸판(진동)의 겉과 소매의 겉을 마주 보게 놓고 시침핀으로 고정한 후 완성선을 따라 재봉합니다.

18 겉으로 뒤집어 앞판 위에 칼라를 올립니다. (목선의 중심과 칼라의 중심을 잘 맞춰주세요.)

골디락스 원피스

19 그 위에 안감을 안쪽이 위로 가게 올립니다.

20 안감 몸판의 시접을 접어줍니다.

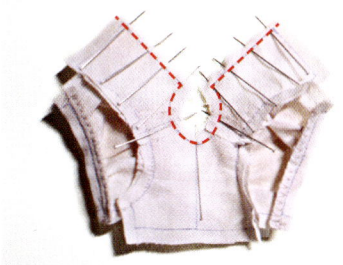

21 겉감과 칼라, 안감을 시침핀으로 고정한 후 목둘레의 완성선을 따라 재봉합니다.

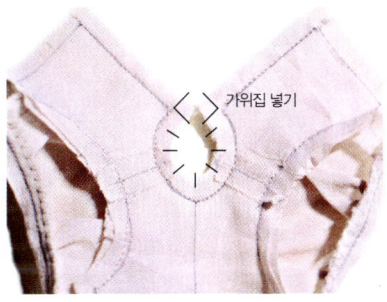

22 목둘레를 따라 가위집을 넣어줍니다. 모서리는 사진 표시처럼 잘라줍니다.

23 몸판을 겉으로 뒤집어줍니다.

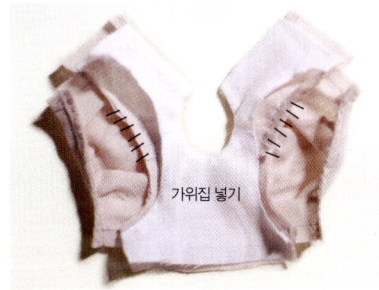

24 진동 시접에 가위집을 넣습니다.

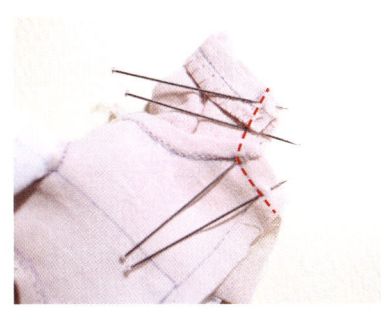

25 어깨를 중심으로 안쪽이 보이게 반으로 접은 후 소매와 옆구리를 시침핀으로 고정한 다음 완성선을 따라 박음질합니다.

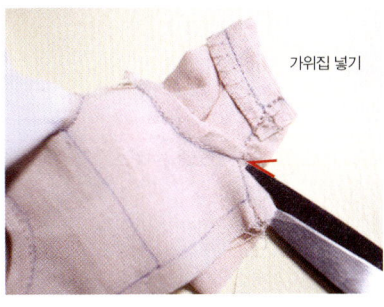

26 소매 하단과 옆구리 시접 중간에 가위집을 냅니다.

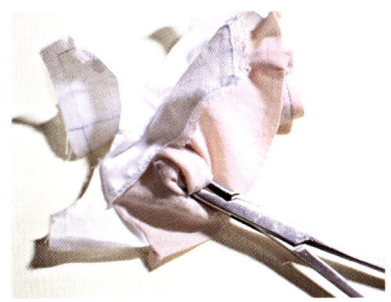

27 겸자를 이용하여 소매를 뒤집어줍니다.

― 골디락스 원피스 ―

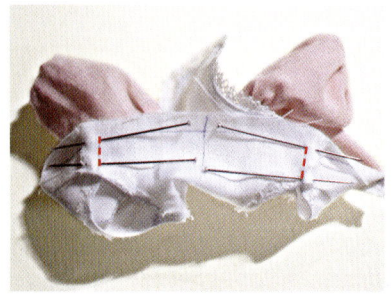

28 안감의 안쪽에서 옆면의 완성선을 따라 재봉한 다음 시접은 가름솔로 합니다.

29 안감 하단의 시접을 안으로 꺾어 놓습니다.

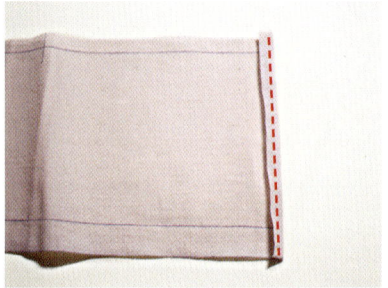

30 치마 옆 부분의 양쪽 시접을 접은 후 재봉합니다.

31 치맛단의 시접을 접은 후 재봉합니다.

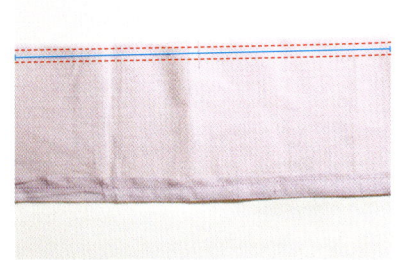

32 치마 주름을 잡기 위해 바늘땀 크기를 2.5~3mm로 조정하여 치마 윗부분의 완성선 아래 위로 두 줄 박기 합니다.

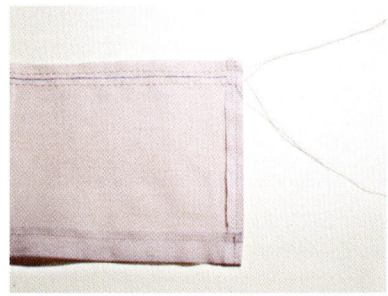

33 각 줄의 윗실을 잡아당겨 풍성하게 치마 주름을 만들어줍니다.

34 주름을 잡은 후 다림질하여 고정합니다.

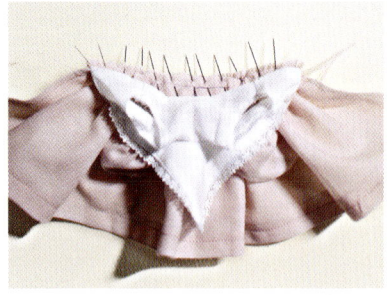

35 상의와 치마를 겉과 겉을 마주 보게 대고 시침핀으로 고정합니다.

36 완성선을 따라 재봉하여 허리를 연결한 다음 주름을 잡기 위해 두 줄로 박은 실을 제거합니다.

― 골디락스 원피스 ―

37 허리 시접은 위로 꺾고 겉쪽에서 허리선을 따라 상침합니다.

38 안감의 시접을 접어 치마에 공그르기하여 깔끔하게 정리합니다.

39 치마 뒤쪽을 사진처럼 겹쳐 시침핀으로 고정한 후 재봉합니다.

40 뒤여밈에 스냅 단추 두 개를 달아줍니다.

41 재단 시 사용한 펜 자국을 지우고 다림질하여 모양을 잡아줍니다. 취향대로 리본이나 레이스, 단추, 비즈 등으로 원피스를 장식해줍니다.

색상과 앞 장식을 바꾸면 다양한 연출이 가능해요!

• TIP •

레이스 앞치마 덧대기 치마에 레이스나 다른 천을 덧대면 덧치마의 느낌을 줄 수 있습니다.

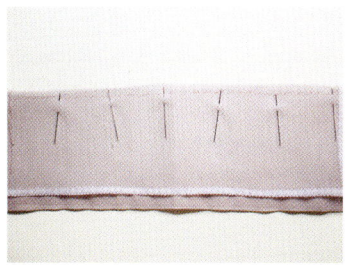

32번 단계에서 치마에 레이스를 올려 시침핀으로 고정합니다.

이 상태에서 주름을 만들기 위해 완성선 아래위로 두 줄 박기합니다.

각 줄의 윗실을 잡아당겨 주름을 만들어줍니다. 주름을 고르게 만든 후 다림질하여 고정합니다.

신데렐라 이브닝드레스

인형 놀이의 로망 중 하나가 공주 패션임은 숨길 수 없는 사실입니다.
간편하게 만들 수 있는 이브닝드레스를 소개합니다.
드레스는 만들기 어려울 것이라 생각해 주춤했다면 지금 도전해보세요.
만들기는 쉽지만 망사를 효과적으로 사용하여 화려하게 연출했습니다.

· 구성 ·

이브닝드레스

신데렐라 이브닝드레스

 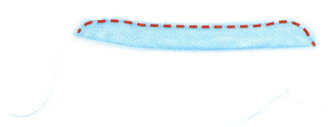

01 망사 원단을 옷본보다 약간 크게 두 장 재단합니다. (어깨 프릴 부분 옷본)

02 반으로 접어서 옷본을 대고 재단합니다.
Tip 이 때 시접 없이 재단합니다.

03 주름을 잡기 위해 홈질을 해줍니다.

  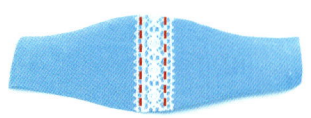

04 홈질 실을 당겨 길이가 약 5.5cm가 되도록 주름을 잡아줍니다. (2장 준비합니다.)

05 상의 옷본을 원단에 올려 그려 준 다음 시접을 더하여 재단합니다. (2장 준비합니다. - 겉감 1장, 안감 1장)

06 겉감의 겉쪽에 사진과 같이 레이스를 올린 후 박음질로 고정합니다.

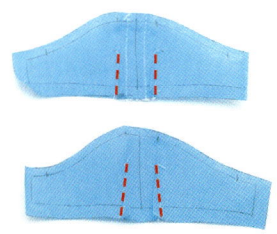  

07 상의 겉감과 안감 다트를 박음질해줍니다.

08 상의 겉감의 겉쪽에 4의 프릴 양끝을 옷본에 표시한 곳에 위치시켜 시침핀으로 고정합니다.

09 8번의 소매 위에 안감의 겉쪽이 아래로 가게 하여 포갠 후 상단의 완성선을 따라 박음질합니다. (겉감의 겉 - 어깨 프릴 - 안감의 안 순서로 포갠 다음 재봉합니다.)

― 신데렐라 이브닝드레스 ―

10 뒤집어 정리해준 모양입니다.

11 치마 원단의 뒷면에 옷본을 대고 그린 다음 재단합니다. 시접은 상단과 옆선만 5mm로 하고 하단에는 시접 없이 올풀림 방지액을 재단 부위에 꼼꼼히 발라둡니다.

12 치마 겉쪽 상단에서 3.5cm 떨어진 위치에 가로선을 그립니다.

13 치마 겉쪽 하단에 폭이 넓은 레이스를 박음질로 고정합니다.
Tip 하단에 시접이 없기 때문에 올풀림 방지액을 꼼꼼히 발라두어야 합니다.

14 망사 원단을 옷본대로 재단한 뒤 반을 접어 줍니다. 이때 접히는 부분이 상단이 됩니다.

15 망사의 상단에서 1cm 아래 부분에 홈질한 다음 그 실을 당겨 주름을 잡아줍니다.

16 치마 원단 폭과 같도록 주름의 모양을 조정하여 맞춰줍니다.

17 12에서 그려둔 선에 맞춰서 주름 잡은 망사를 시침핀으로 고정합니다.

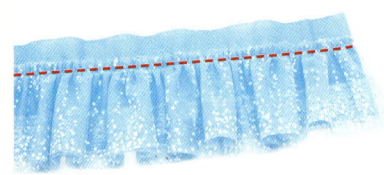

18 완성선을 따라 박음질합니다.

신데렐라 이브닝드레스

연결한 후의 모습

19 치마 상단의 시접 부분에 홈질을 한 다음 그 실을 당겨 허리 주름을 잡아줍니다.

20 상의와 치마의 겉과 겉을 마주 보게 하여 완성선을 따라 박음질하여 상하의를 연결합니다.

21 상의 안감의 하단 시접은 안으로 접어서 원피스 허리선이 안 보이도록 감침질 또는 공그르기합니다.

22 치마 뒤 중심에 맞춰 겉과 겉을 마주 보게 하여 겹친 뒤 치마 하단에서 6~7cm 정도까지 박음질로 연결합니다.
Tip 이때 치마에 덧댄 망사가 집히지 않게 주의합니다.

23 뒤집어서 모양을 정리한 다음 어깨 프릴의 모양이 잡히도록 상의와 연결된 부분에 바느질을 한 땀 떠주거나 함께 비즈를 달아줍니다.

24 취향에 따라 비즈와 리본 등으로 장식하여 완성합니다.

103

신데렐라 하녀복 세트

신데렐라의 하녀복을 모티브로 디자인한 긴 소매 원피스입니다.
앞치마 대신 레이스를 달아 깔끔하면서도 심심하지 않게 연출해봤어요.
레이스로 뚝딱 만드는 두건도 여기저기 잘 어울리는 잇템이 될 거예요.

· 구성 ·

원피스, 두건

step1. 신데렐라 하녀복

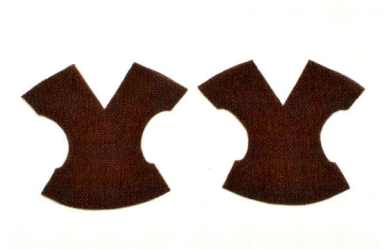

01 원단에 옷본을 그린 후 옷본에 표시된 대로 시접을 주고 재단합니다. (목둘레 부분의 시접은 재봉 후 잘라내는 것이 편리하니 사진처럼 재단합니다.)

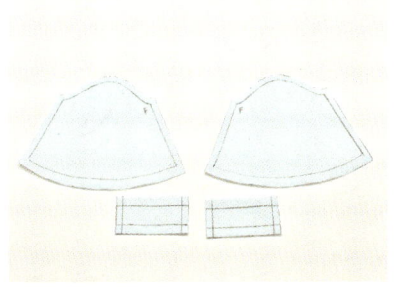

02 퍼프 소매 1장은 옷본대로 그리고 1장은 옷본을 뒤집어 그린 후 시접을 주고 재단합니다. 소맷단도 잊지 말고 재단하여 준비합니다.

03 치마와 앞치마로 쓰일 레이스도 옷본대로 재단하여 준비합니다.

Tip 재단된 원단의 모든 시접 부분에는 올풀림 방지액을 발라둡니다.

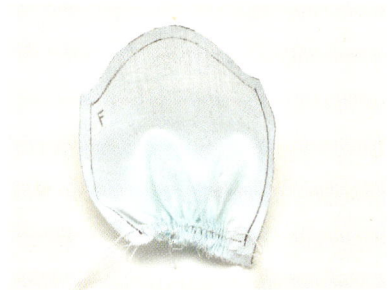

04 퍼프 소매의 하단은 완성선을 사이에 두고 위아래 두 줄로 홈질한 뒤 그 실을 잡아당겨 주름을 만듭니다.

Tip 이때 주름 잡은 소매 하단의 폭은 3cm가 되도록 합니다(시접 제외).

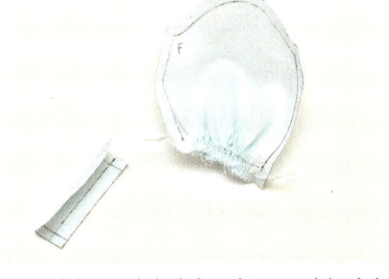

05 소맷단은 표시된 선대로 겉쪽으로 반을 접어 줍니다.

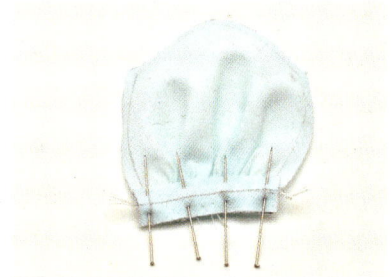

06 소매 하단과 소맷단을 겉과 겉이 마주 보게 하여 시침핀으로 고정한 뒤 완성선을 따라 박음질합니다.

07 반대쪽 소매도 같은 방법으로 만들어 준비해 둡니다.

08 상의 안감의 진동 시접 부분에 가위집을 넣습니다.

09 안감 진동의 시접을 안으로 꺾어 박음질합니다.

―― 신데렐라 하녀복 ――

10 상의 겉감과 안감 다트를 박음질해줍니다.

Tip 다트의 뾰족한 부분의 실을 한 번 묶어주면 다트가 벌어지지 않아 깔끔합니다.

11 상의 겉감 진동선과 소매산 부분을 겉과 겉이 마주 보게 한 다음 시침핀으로 고정하고 완성선을 따라 박음질합니다.

Tip 소매산 부분을 잡아당겨 주름이 풀리는 것에 주의합니다.

12 상의 겉감과 안감을 겉끼리 맞대어 사진과 같이 목둘레 부분을 박음질합니다.

13 박음질한 부분의 시접을 직선은 3mm, 곡선은 2mm만 남기고 잘라냅니다. 목둘레 곡선 부분의 시접에는 가위집을 넣고 직각 부분은 사선으로 시접을 잘라줍니다.

14 겉감의 소매와 상의 옆선 겉과 겉, 안감의 옆선 겉과 겉을 맞댄 후 박음질합니다.

15 뒤집어서 모양을 확인합니다.

16 레이스가 위로 적당히 올라오게 위치를 잡아 목둘레 안쪽으로 둘러준 뒤 시침핀으로 고정한 다음 상침합니다.

17 치마 밑단의 시접을 안으로 접어서 박음질합니다.

18 치마 원단 밑단 부분(겉쪽에서)에 레이스를 대고 박음질하여 고정합니다.

신데렐라 하녀복

19 치마 상단에 폭이 넓은 레이스를 올려 시침핀으로 고정한 뒤 양끝과 상단을 박음질합니다.

20 주름을 만들기 위해 치마 상단의 시접 부분에 두 줄로 홈질합니다.

21 홈질한 실을 양쪽으로 잡아당겨 주름을 만듭니다.

22 치마의 양쪽 옆 시접을 접어 시침핀으로 고정해둡니다.

23 상의 겉감의 겉과 치마 겉감의 겉을 마주 대고 시침핀으로 고정한 뒤 완성선을 따라 박음질합니다.

24 상의 안감은 시접을 안으로 접어넣고 감침질 또는 공그르기로 정리합니다.

25 뒤쪽 여밈선에 맞춰 안쪽이 보이도록 접어 시침핀으로 고정한 다음 치마 하단부터 약 3cm 가량 박음질하여 마감합니다.

26 상의 다트 사이에 시접을 접은 레이스를 올려 감침질 또는 공그르기로 고정해줍니다.

27 상의 중심부에 비즈를 달아 장식하고 뒤쪽에는 스냅 단추 두 개를 달아줍니다.

• 만드는 과정 •

step2. 신데렐라 하녀복 두건

01 바느질 전용 심지에 옷본을 대고 그립니다.
Tip 일반 종이보다 바느질 전용 심지를 사용하면 바늘을 보호할 수 있습니다.

02 심지에 시접을 넉넉히 주고 재단한 다음 레이스 위에 올립니다. 이때 레이스가 옷본보다 조금 커야 합니다.

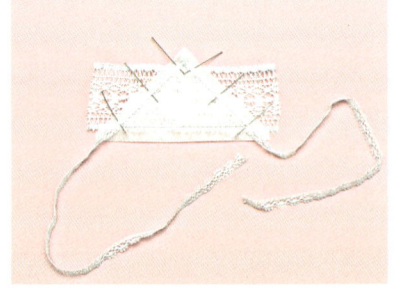

03 2 위에 두건 끈이 될 레이스를 사진처럼 배치한 뒤 시침핀으로 고정합니다. (이때 끈이 될 레이스는 두건 옷본의 완성선보다 살짝 안쪽에 배치합니다.)

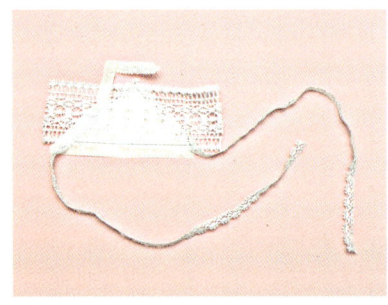

04 두건과 끈이 될 레이스를 박음질로 연결하고 종이 심지는 제거합니다.

05 뒤집어서 불필요한 부분을 잘라냅니다. 이때 박음질 선을 자르지 않도록 주의합니다. 잘라낸 레이스의 끝부분에 올풀림 방지액을 꼼꼼히 발라주세요.

06 두건의 꼭지점에 참을 달아 꾸며주세요.

도로시 의상 세트

도로시 하면 떠오르는 이미지는 체크 무늬 점퍼 스커트에 흰 블라우스죠.
헐리우드 영화의 영향이지만 다른 의상을 입은 도로시는 상상조차 할 수가 없네요.
블라우스와 점퍼 스커트 모두 레이스를 이용하여 꾸몄는데 이 기법은 여러 가지로 유용하답니다.

· 구성 ·

블라우스, 원피스, 속치마

step1. 도로시 블라우스

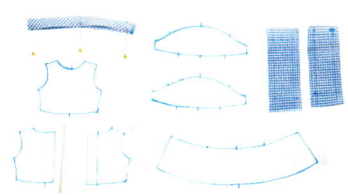

01 블라우스 옷본을 원단 뒷면에 그린 다음 재단합니다. (시접 끝에는 올풀림 방지액을 발라주세요.)

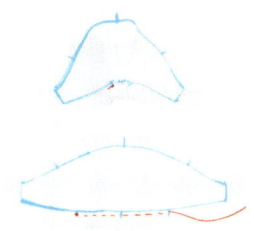

02 소매의 하단 완성선 아래 시접 부분에 홈질을 한 다음 그 실을 당겨 주름을 잡아줍니다. (주름 잡은 후의 소매 하단 길이는 4cm)

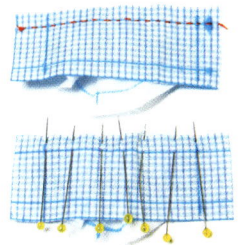

03 소매와 소맷단을 겉과 겉이 마주 보도록 하여 시침핀으로 고정한 소맷단 완성선을 따라 홈질합니다.

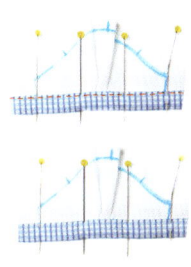

04 소맷단을 반으로 접은 다음 시접을 안으로 접어 넣고 시침핀으로 고정한 다음 홈질로 상침합니다.

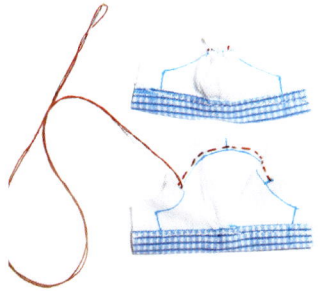

05 양쪽 소매산을 완성선 위쪽 2mm 정도에 홈질을 하여 주름을 잡아줍니다.
Tip 이때 소매산 안쪽에 엄지를 넣어 홈질 실을 잡아당기면 좀 더 쉽게 주름을 잡을 수 있습니다.

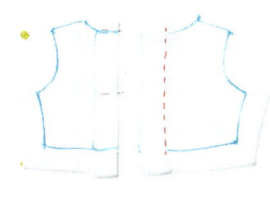

06 블라우스 뒤판의 시접을 안으로 접어 시침핀으로 고정한 후 완성선 1~2mm 안쪽에 홈질을 합니다.

07 앞판과 뒤판을 겉과 겉이 마주 보게 한 다음 어깨 부분을 시침핀으로 고정하고 완성선을 따라 홈질합니다.

08 사진처럼 펼쳐준 후 어깨쪽 시접은 가름솔로 정리합니다.

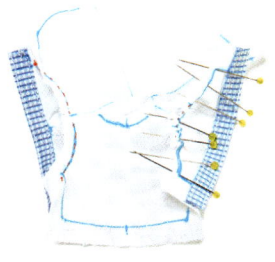

09 몸판의 겉과 소매의 겉이 마주 보게 하여 소매와 블라우스의 진동 부분을 시침핀으로 고정한 후 완성선을 따라 홈질하여 연결합니다. 반대쪽 소매도 같은 방법으로 연결해주세요.

도로시 블라우스

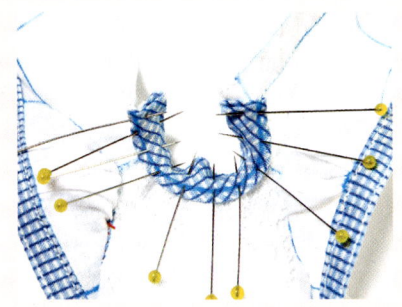  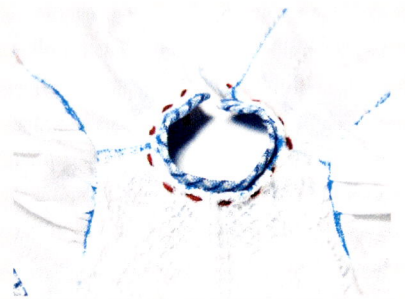

10 칼라는 옷본대로 재단하여 반으로 접어 준비합니다. 몸판의 겉과 칼라의 겉이 마주보게 하여 목선에 맞춰 시침핀으로 고정합니다.

11 몸판의 목선을 따라 홈질하여 칼라를 연결합니다.

12 칼라의 시접을 안으로 꺾어 겉쪽에서 홈질로 상침합니다. (칼라의 시접은 적당히 잘라주고 올풀림 방지액을 발라줍니다.)

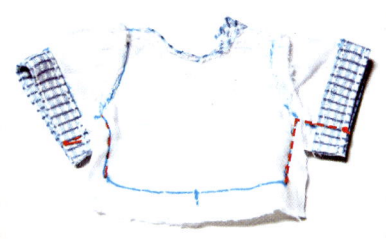  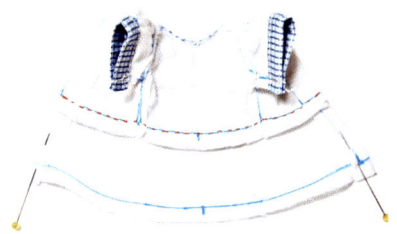

13 소매와 몸판 옆선을 연결하여 완성선에 맞춰 홈질합니다.

14 블라우스 하단의 겉과 블라우스 겉을 마주보게 하여 시침핀으로 고정한 후 완성선을 따라 홈질합니다.

15 블라우스 하단의 덧댄 부분을 펼친 후 시접은 아래로 꺾어줍니다.

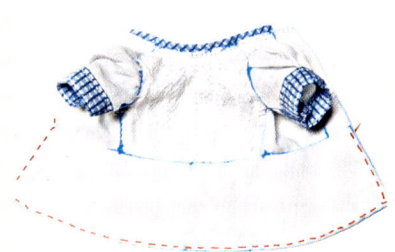 

16 블라우스 하단 시접은 안으로 접어서 다림질 후 완성선에서 1mm 정도 안쪽으로 겉에서 홈질해주세요.

17 뒤여밈에 스냅 단추 두 개를 달아 마무리하면 완성입니다.

step2. 도로시 원피스

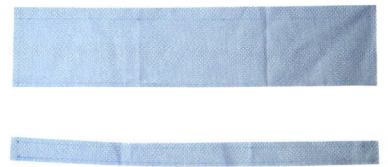

01 치마에 쓰일 옷본 치마 1, 치마 2 옷본을 원단 뒤에 그린 후 재단해 준비합니다.

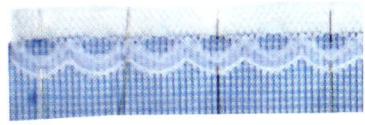

02 치마 2의 상단 시접을 안으로 접어 넣고 겉쪽에 레이스를 사진처럼 올려 시침핀으로 고정합니다.

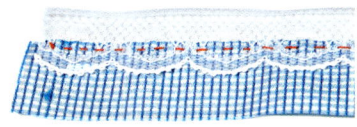

03 레이스와 치마 2를 같이 홈질하여 연결합니다. (여기서는 바느질선이 잘 보이게 하려고 빨간색 실을 사용했습니다.)

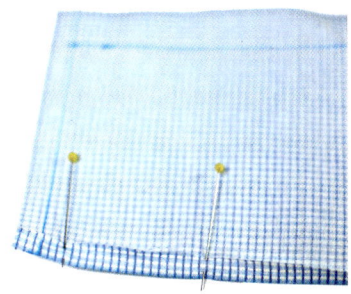

04 치마 1의 하단 시접(3mm)을 접어 시침핀으로 고정합니다.

05 3의 상단부와 4의 하단부를 사진처럼 시침핀으로 고정합니다.

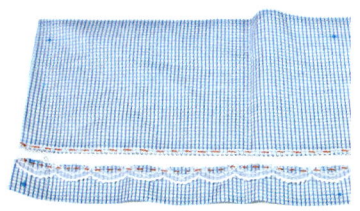

06 레이스의 상단과 치마2의 상단을 겉쪽에서 홈질로 연결합니다.

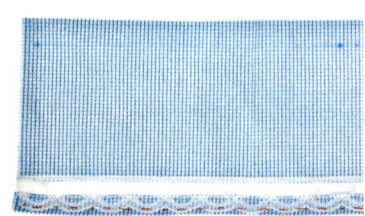

07 연결해둔 치마 원단의 하단부 끝단(치마 2)의 시접을 안으로 접어 넣고 레이스와 함께 홈질합니다.

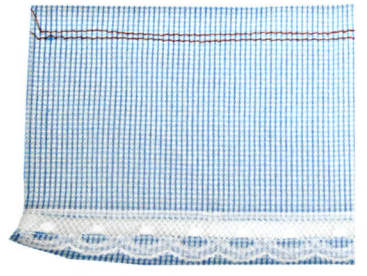

08 치마 상단부 시접에 두 줄로 홈질하여 치마 주름을 잡아줍니다. (완성선 1mm 위쪽 홈질, 홈질 두 줄 사이는 3mm)

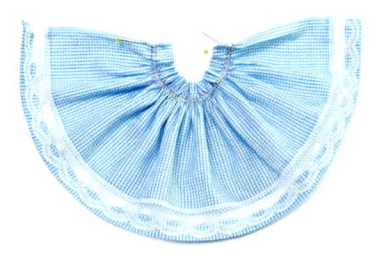

09 홈질 실을 양쪽에서 잡아당겨서 주름을 만들어줍니다. (주름 잡은 후 치마 허리 둘레는 9.4cm)

―――――――――――――――――― 도로시 원피스 ――――――――――――――――――

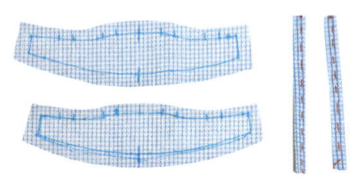

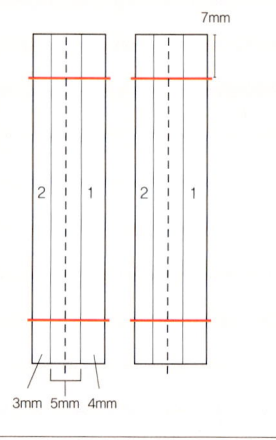

• TIP •

어깨끈 만들기

어깨끈 양끝 시접은 7mm 어깨끈 옷본에서
1번(4mm)을 접고 난 후 2번(3mm)을 접어서
겹치는 부분을 홈질합니다. (중심의 점선)

재단 크기 12mm × 61mm(시접 포함)
완성 크기 가로 5mm×세로 4.7mm

10 허리 옷본은 1장은 그대로 그리고 1장은 반대로 뒤집어 그려 2장을 준비합니다(1장은 겉감, 1장은 안감). 어깨끈은 옷본 대로 재단한 뒤 옆의 팁을 참고하여 재봉하여 준비합니다.

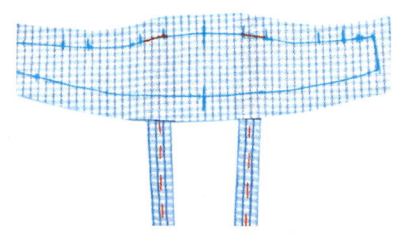

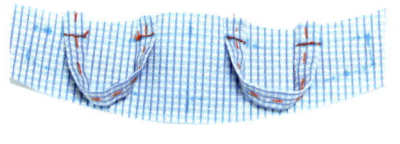

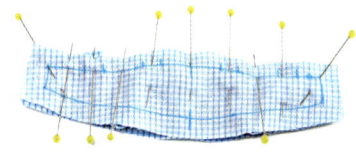

11 어깨끈 위에 허리 겉감의 안쪽이 위로 보이게 올리고 옷본에 표시된 위치에 맞춰 박음질로 고정합니다.

12 양쪽 어깨끈을 달아준 허리 겉감의 겉쪽 모습입니다.

13 12 위에 허리 안감의 안쪽이 위로 가게 올린 다음 시침핀으로 고정합니다. (겉감과 안감의 겉이 마주 보게 하고 겉감과 안감 사이에 어깨끈이 들어가게 합니다.)

14 윗부분 완성선을 따라 박음질로 튼튼하게 바느질해주세요.

15 14를 펼쳐서 치마와 허리의 겉과 겉이 마주 보게 하여 시침핀으로 고정한 다음 사진처럼 완성선을 따라 박음질합니다.

16 겉쪽에서 모양을 확인합니다.

―― 도로시 원피스 ――

17 허리 안감의 시접을 안으로 접어 치마에 고정한 뒤 홈질로 겉에서 상침합니다.

18 원피스를 뒤중심에 맞춰 안쪽이 보이게 반으로 접은 다음 치마 하단에서 옷본에 표시된 지점까지 홈질이나 박음질합니다.

19 허리에 스냅 단추를 한 쌍을 달아 마무리합니다.

• 만드는 과정 •

step3. 도로시 망사 속치마

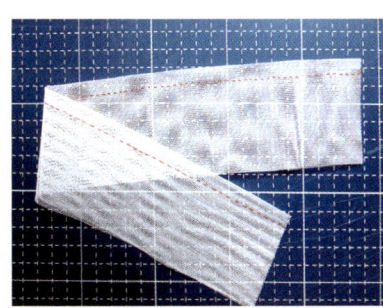

01 망사 원단을 40×12cm 크기로 준비한 다음 반으로 접어 접은 부분에서 1cm 정도 아래쪽을 사진과 같이 홈질합니다.

02 홈질한 빈 공간에 7cm 정도 길이 흰색 고무줄을 넣어서 주름을 잡아줍니다. 고무줄 한쪽을 시작하는 부분에 고정을 하고 넣는 것이 더 편리합니다.

03 고무줄을 넣은 후 양끝의 시접을 맞잡아서 끝에서 0.7cm 정도 되는 곳을 시침핀으로 고정하고 박음질한 다음 뒤집어주면 완성입니다.

세일러복 세트

세일러복은 누구나 한 번쯤 입어보고 싶은 의상입니다.
특히 세일러복 스타일의 교복을 입은 소녀는 사랑스러움 그 자체죠.
세일러복도 다양한 디자인으로 연출할 수 있는데요,
여기서는 민소매 원피스와 재킷으로 구성해보았습니다.

• 구성 •

민소매 주름치마 원피스, 세일러 재킷

step1. 민소매 주름치마 원피스

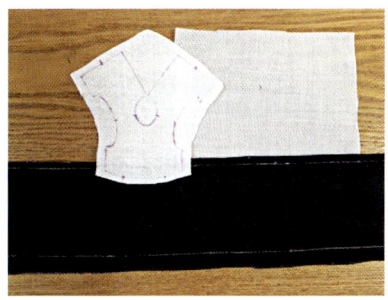

01 옷본을 참고하여 원단 뒷면에 33×7cm의 직사각형을 그린 후 시접을 위쪽 0.5cm, 양옆 0.7cm, 하단 1.2cm 안쪽에 그려줍니다.

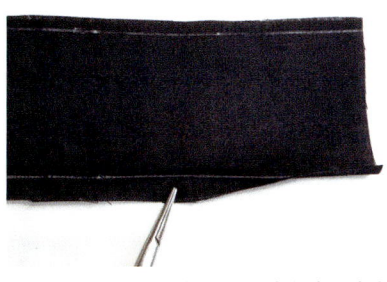

02 치마 하단의 시접을 안으로 접어 넣고 다림질합니다.

03 치마 겉쪽에 장식줄을 올려 고정한 뒤 시접과 함께 지그재그 박음질합니다.

바늘땀 수량 크기를 줄 크기에 맞도록 조절해주세요.

04 치마 안쪽에 왼쪽부터 3cm 떨어진 지점(시접 포함-시접은 0.7cm)에서 1cm, 0.5cm 간격으로 반복하여 사진처럼 선을 그려줍니다. (오른쪽에도 시접 포함 3cm를 남깁니다.)

05 간격대로 접어 주름을 만든 후 다림질합니다. 상단에 그려준 선을 따라 박음질하여 치마 주름을 고정합니다.

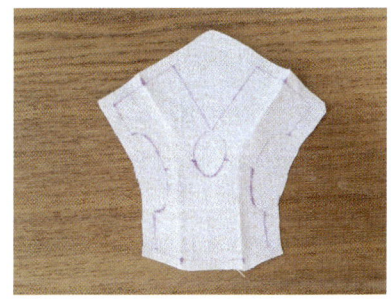

06 상의 겉감의 다트 선을 접어 폭 0.2cm, 길이 1cm 정도로 박음질합니다.

07 6을 안감 위에 올린 후 사진의 표시대로 박음질합니다.

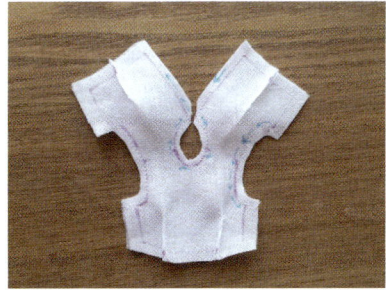

08 겉감과 안감의 시접을 0.5cm 남기고 잘라내고 곡선 부분에는 가위집을 넣은 다음 뒤집어줍니다.

Tip 이때 겸자를 이용하면 편리합니다.

09 상의 옆선을 박음질한 다음 뒤집어 다림질합니다.

Tip 중간중간 다림질로 형태를 잡아주면 좋습니다.

민소매 주름치마 원피스

10 상의의 겉과 치마의 겉을 마주 보게 하여 허리 완성선을 따라 박음질하여 연결합니다.

11 치마의 양옆 시접은 열 고정 테이프로 고정합니다. 열 고정 테이프를 시접이 접히는 부분이 올리고 시접을 접은 다음 다림질합니다. (박음질로 고정하여도 좋습니다.)

12 원피스를 안쪽이 보이게 반으로 접은 다음 치맛단부터 옷본에 표시한 곳까지 박음질하고 뒤여밈에는 스냅 단추 두개를 달아줍니다.

스냅 단추를 달아준 모습

• 만드는 과정 •

step2. 세일러 재킷

01 원단 뒷면에 재킷의 안감과 겉감 옷본을 대고 그린 후 재단합니다.

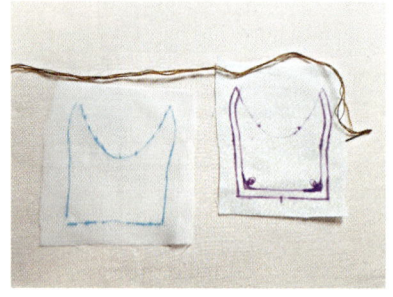

02 세일러 칼라를 재단하여 겉감에 금색사로 스티치합니다. (스티치 과정은 생략해도 되며 장식줄을 박음질하여 장식하여도 좋습니다.)

03 겉감의 겉과 안감의 겉을 마주 보게 한 뒤 목선을 제외한 나머지 부분을 완성선을 따라 박음질한 다음 모서리 부분을 사선으로 자르고 뒤집어줍니다.

04 상의 겉감의 겉면 위에 3의 세일러 칼라를 목선의 중심에 맞춰 올립니다.

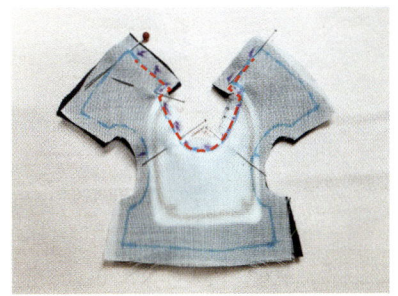

05 4에 안감을 얹고 목선을 중심으로 시침핀으로 고정한 뒤 완성선을 따라 박음질합니다.

06 곡선 부분의 시접에는 가위집을 넣어주고 뒤집습니다.

07 뒤집은 후 모양을 확인합니다.

08 소매의 시접을 안으로 접어 넣고 소매 겉쪽에 장식을 두 줄 올려 시침핀으로 고정한 다음 소매 시접과 장식을 지그재그 박음질로 한번에 재봉합니다.

09 소매산 시접에 주름을 만들기 위해 한 줄 박음질한 다음 실을 잡아 당겨 볼록한 소매산을 만듭니다. (손 바느질의 경우 홈질한 다음 홈질 실을 당겨 주름을 잡습니다.)

10 진동선과 소매산을 맞추어 시침핀으로 고정한 뒤 박음질로 연결합니다.

11 양쪽 소매를 모두 박음질하여 완성한 모습입니다.

12 안감 진동의 시접을 안쪽으로 꺾어서 공그르기합니다.

― 세일러 재킷 ―

13 안쪽에서 소매를 중심으로 반을 접어 옆선과 소매를 연결하여 박음질합니다.

14 옆선과 소매가 만나는 모서리 부분에 가위집을 넣어줍니다.

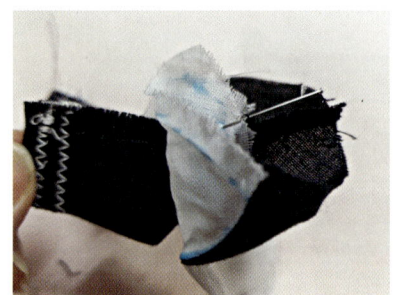

15 안감 옆선을 박음질이나 촘촘한 홈질로 연결합니다.

16 재킷 하단의 겉감과 안감 시접을 안으로 접어 시침핀으로 고정한 뒤 공그르기합니다.

Tip 이때 여러 겹 겹치는 시접 부분은 잘라주어야 두께가 두툼해지지 않습니다.

17 단추 위치를 잡아준 뒤 비즈 단추를 달고 그에 따른 실고리도 만들어줍니다. (여기서는 3mm 비즈를 사용하였습니다. 실고리는 비즈 크기에 맞춰 길이를 조정합니다.)

18 리본이나 스카프로 장식하여 꾸며주어도 좋습니다.

곰인형 만들기

지은이: 스마일루이

블로그: *bart0408.blog.me*

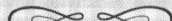

에이미의 헤어살롱

지은이: Amy

블로그: *beaurain.blog.me*

인스타그램: *@amys_magic_factory*

Chapter 4

for

My Doll

인형의 영원한 짝꿍
곰인형 만들기

식모부터 헤어 펌, 스타일링까지!
에이미의 헤어 살롱

인형의 영원한 짝꿍
곰인형 만들기

인형 사진을 찍을 때 가장 잘 어울리는 소품 중 하나인 곰인형을 모루로 만들어봅니다.
모루를 이용하면 앙증맞은 곰인형을 누구나 쉽게 만들 수 있어요.
내 소중한 인형에게 직접 만든 곰인형을 선물해보세요.

• 필요한 재료 •

니퍼 겸용 펜치 자 눈·코로 이용할 단추
공예용 가위 모루 1미터
공예용 송곳 공예용 본드

• 만드는 과정 •

모루 곰인형

01 1미터 모루를 45cm 길이로 잘라 반으로 접어줍니다.

02 반으로 접은 쪽의 끝부분을 1.5cm 정도 구부려 완전히 접어줍니다. (접은 부분은 모루베어의 귀 부분이 됩니다.)

03 모루의 양쪽을 잡아 펴서 M자 모양으로 만들어줍니다.

오른쪽 모루 2번   왼쪽 모루 1번

04 모루의 양쪽을 교차시켜 윗부분이 하트 모양이 되도록 합니다. 양쪽 모루를 교차시킬 때 오른쪽 모루가 위쪽으로 오도록 합니다.

05 교차시킨 1번 모루를 하트 모양과 직각이 되도록 앞쪽 방향으로 90도 꺾어줍니다.

06 하트 모양의 안쪽 부분에 송곳을 넣은 후 1번 모루를 송곳에 두 번 감아 돌려줍니다. 감은 부분은 코 부분이 됩니다.

07 코 모양으로 만들었던 1번 모루를 오른쪽 귀 뒤로 돌려 머리 위 가운데를 지나 얼굴의 정면으로 넘긴 뒤, 얼굴의 왼쪽으로 내려줍니다.

08 2번 모루를 뒤쪽으로 꺾어 올려 머리 위 가운데를 지나 얼굴의 정면으로 넘긴 뒤, 얼굴의 오른쪽으로 내려줍니다(과정 7번과 반대). 정면에서 봤을 때 얼굴 위 모루가 지나간 모양이 한자 八자처럼 보입니다.

정면에서 본 모습

09 양쪽 모루를 뒤로 넘겨 머리 가운데로 올려 정수리에서 X자로 교차시킨 뒤 한자 八자 모양으로 만들어 양쪽 볼로 내립니다. (왼쪽 귀 뒤로 넘어간 모루는 정수리를 지나 오른쪽 뺨으로 내려오고, 오른쪽 귀 뒤로 넘어간 모루는 정수리를 지나 왼쪽 뺨으로 내려옵니다.)

―― 모루 곰인형 ――

10 모루를 뒤로 넘겨 목 부분에서 한 번 꼬아줍니다. 사진은 뒤에서 본 모습입니다.

11 머리 부분이 모두 완성된 모습입니다. 모양을 확인해보세요.

12 1번 과정을 참고하여 남은 55cm 모루를 반으로 접은 다음 2.5cm 정도를 구부려 완전히 접어줍니다. (접은 부분은 모루베어의 다리 부분이 됩니다.) Step 1의 2~3번 과정을 반복하여 역시 M자 모양을 만들어줍니다.

13 하트 모양으로 만들어 아랫부분을 2~3회 꼬아 이 부분이 1.5cm 정도 길이가 되게 만들어줍니다. (꼬아준 부분은 몸통의 지지대가 됩니다.)

14 하트 모양을 거꾸로 돌려 다리 부분이 되도록 한 후, 모루를 양쪽으로 벌려줍니다.

15 몸통의 지지대 부분에서 2.2cm 정도 접어 모루를 교차시켜 팔 부분을 만들어줍니다.

16 교차시킨 팔 부분 사이로 완성된 머리를 끼워줍니다. (여기서부터는 구분이 쉽도록 몸통은 다른 색을 사용하였습니다.)

17 머리 부분의 모루를 다리 사이로 넘겨 뒤쪽 머리 부분까지 올려줍니다.

모루 곰인형

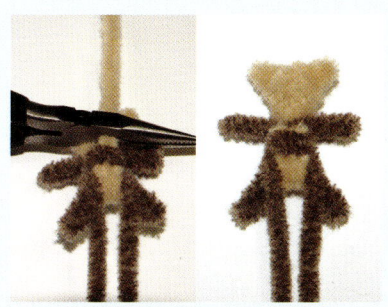

18 몸통 부분의 모루를 양쪽 겨드랑이 밑으로 통과시켜 등 쪽으로 향하게 한 후 X자로 교차시킵니다.

19 모루를 다시 양쪽 겨드랑이 밑으로 통과시켜 앞쪽으로 향하게 합니다.

20 19의 몸통 부분 모루를 앞쪽에서 서로 교차시켜 다시 뒤쪽으로 넘긴 후 다리 사이로 내립니다. 머리 부분의 남은 모루를 펜치로 짧게 잘라냅니다.

21 다리 사이의 모루를 앞쪽으로 넘겨 양쪽 어깨 뒤로 넘겨 준 후, 목 뒤 부분에서 X자로 교차시킵니다.

22 몸통 부분을 감아줬던 모루 사이에 송곳을 찔러 넣어 공간을 만들어준 후, 남은 모루를 끼워 바짝 당겨줍니다.

23 남은 모루를 펜치로 바짝 잘라준 후, 눌린 털을 손끝으로 살살 비벼 전체적으로 모루의 털이 풍성해지도록 해줍니다.

24 공예용 가위로 모루의 털을 1~2mm 정도 다듬어 모루베어의 모양이 전체적으로 둥글둥글한 모양이 되도록 합니다.

주의 모루의 털을 너무 짧게 깎으면 철사가 드러날 수 있으니 주의합니다.

25 송곳을 이용해 눈, 코의 위치를 잡아준 뒤 부자재를 붙여줍니다. 이때 눈, 코의 위치는 밑변이 넓은 역삼각형의 모양이 되도록 합니다.

주의 눈은 사이가 너무 좁거나 코로부터 너무 위쪽에 위치하지 않도록 해주세요.

26 완성된 모루베어를 더 예쁘게 꾸며보세요. 리본은 가장 쉽게 쓸 수 있는 부자재입니다.

에이미의 헤어 살롱 1

인형도 사람과 마찬가지로 헤어스타일에 따라 이미지가 많이 달라집니다.
여기서 소개할 스타일은 들장미 소녀 캔디의 양 갈래 물 펌입니다.
양 갈래 헤어스타일은 인형을 귀엽게 꾸밀 수 있는 최고템이죠. 자, 시작해볼까요?

• 필요한 재료 •

식모 식모할 헤드, 랩, 마스킹 테이프 또는 목공풀, 핀셋, 식모 원사, 식모용 바늘, 실패나 휴지심, 고무줄, 집게핀

캔디 펌 얇은 빨대 5개 또는 인형용 헤어로트, 분무기, 뜨거운 물, 시침핀, 랩, 비닐봉지

주의
여기서 소개하는 것은 개인적인 경험에 의한 노하우입니다. 과정에서 인형이 손상될 수 있으니 주의하세요.

• 만드는 과정 •

step1. 식모할 헤드 준비하기

핸드 페인팅이 되어 있는 인형의 경우 식모나 붙 펌 과정에서 페인팅이 손상될 수 있으므로 주의해야 합니다. 리페인팅을 고려하고 있다면 식모나 펌 작업을 먼저하는 것이 안전합니다.

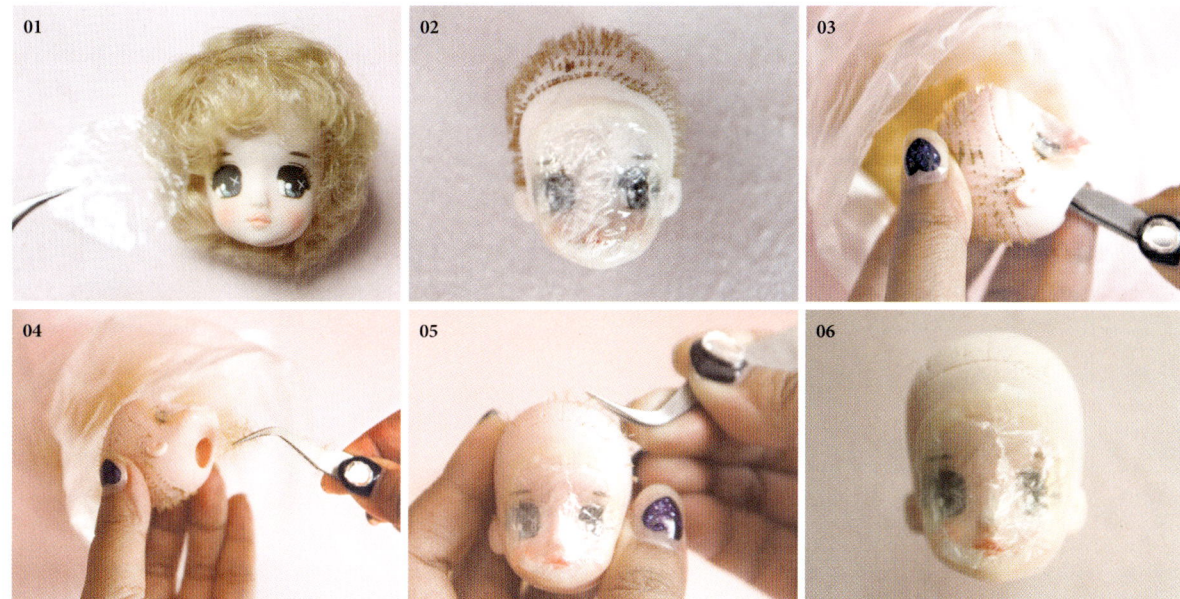

Tip 랩 고정 시 마스킹 테이프를 사용해도 좋아요!

01 랩을 두세 겹 겹친 후 동그랗게 잘라줍니다. 이때 랩의 크기는 식모할 헤드의 페인팅이 모두 가려질 정도가 되어야 합니다. 동그랗게 자른 랩을 인형 얼굴 위에 놓고 목공풀로 고정합니다.
　　Tip 마스킹 테이프를 사용해도 됩니다. 헤어가 마스킹 테이프나 목공풀에 닿지 않도록 주의하세요!

02 비닐봉지 안에 헤드를 넣고 가위를 이용해 사진처럼 기존 헤어를 최대한 짧게 잘라냅니다.

03 헤드 안에 남아 있는 헤어를 제거하기 위해 핀셋을 헤드 구멍 안에 넣어 헤드 내부 표면을 긁어냅니다.

04 헤드 안쪽에 남아 있는 긁어낸 헤어를 핀셋으로 꺼냅니다. 기존 헤어가 남아 있으면 식모 작업 시 헤어 엉킴 등의 원인이 될 수 있으므로 최대한 깨끗이 제거합니다.

05 헤드 바깥쪽에 남은 헤어는 핀셋을 이용해 정리해주세요.

06 기존의 헤어가 깔끔히 제거되었습니다.

• TIP •

헤어 고정액 만들기

인형의 헤어펌 과정은 약품을 사용하지 않기 때문에 쉽게 풀리기도 합니다. 헤어 고정액을 헤어에 뿌리면 펌 상태가 좀 더 오래 지속될 수 있습니다. 헤어 고정액은 스프레이 용기와 목공풀, 따뜻한 물만 있으면 손쉽게 만들 수 있답니다. 따뜻한 물과 목공풀을 10:1 비율로 섞은 다음 스프레이 통에 넣어 잘 섞이도록 위아래로 많이 흔들어주면 완성!

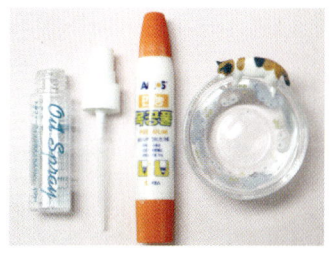

step2. 식모 헤어 준비하기

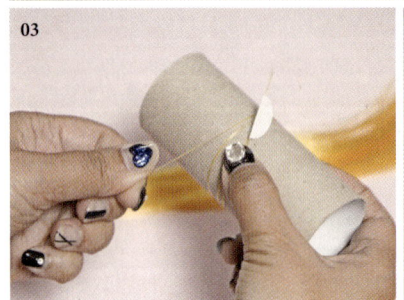
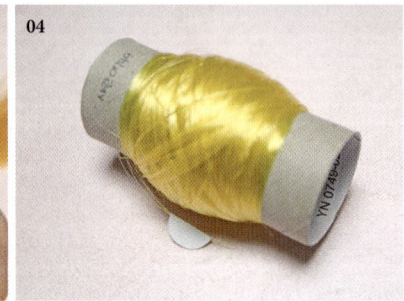

01 식모 원사를 비닐에서 꺼내 서로 엉키지 않도록 펼쳐줍니다. 원사는 보통 10가닥씩 한 묶음으로 감겨 있는데 양 끝에 스티커가 붙어 있어 시작 지점을 알 수 있어요.

02 엉킴을 방지하기 위해 묶여 있던 실을 제거합니다.

03 스티커가 붙어 있는 한쪽을 시작점으로 하여 휴지심이나 실패 등에 감아줍니다.

04 휴지심 끝에 식모 원사의 이름을 써놓으면 다음에 같은 식모사를 구입할 때 도움이 됩니다.

step 3. 양 갈래 식모하기 | 옆머리 심기

원하는 식모 스타일을 정한 후, 정해진 스타일에 필요한 가르마 등을 구상합니다. 여기서는 앞머리가 있는 양 갈래 헤어를 심어보도록 하겠습니다. 앞머리가 있는 양 갈래 헤어의 경우, T자 가르마 작업이 필요합니다. 우선 옆머리부터 심어볼까요.

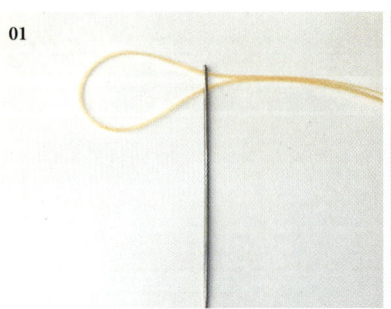
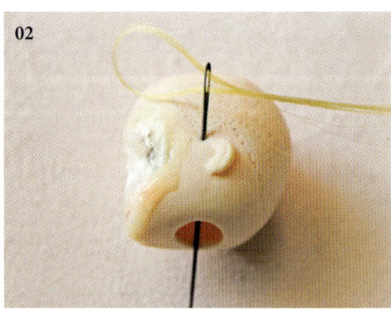

01 원사를 30cm 가량 잘라 반으로 접은 후 접힌 부분을 바늘귀에 통과시켜 고리를 만들어줍니다.

02 고리가 만들어진 상태로 식모 라인의 시작점에 헤드 바깥쪽에서 안쪽으로 바늘을 찔러 넣은 후 헤드 구멍(목 쪽)으로 빼냅니다.

03 고리가 빠져나올 때까지 바늘을 잡아당겨서 고리 부분을 포함하여 식모 헤어가 4~5cm 가량 헤드 구멍 밖으로 빠져나오게 합니다. (이 고리가 사슬뜨기 매듭의 시작 – 1번 고리)

04 왼손 검지에 첫 번째 통과한 헤어 고리를 걸고, 1번과 같은 방법으로 헤어를 바늘귀에 통과시켜 바로 옆 구멍에 꽂아 넣어줍니다.

에이미의 헤어 살롱 1

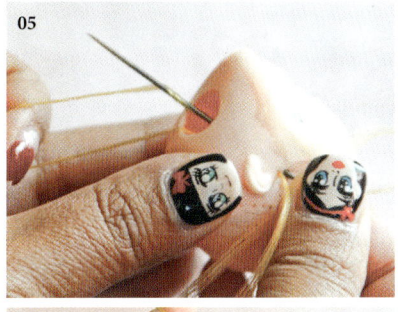

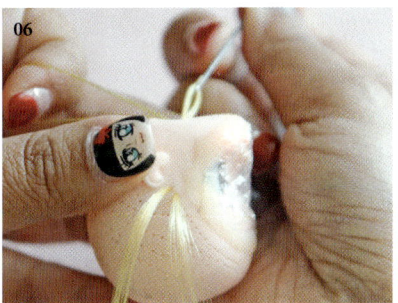

05 헤드를 통과한 바늘을 1번 고리를 통과시켜 사슬을 만들어줄 것입니다. 이때 좀 더 확실한 사슬을 만들기 위해 고리 한쪽 부분을 바늘로 한두 차례 감아줍니다.

06 감아준 상태로 그대로 바늘을 잡아당겨 두 번째 고리를 빼줍니다. (2번 고리)

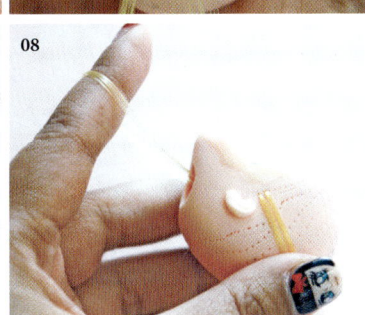

07 새로 만든 2번 고리를 검지에 걸고 1번 고리 반대 방향의 헤드 바깥쪽 헤어를 잡아당깁니다.

08 헤어를 끝까지 잡아당겨 첫 번째 심었던 헤어의 고리가 헤드 안쪽으로 들어가 첫 사슬이 만들어졌습니다.

Tip 납작 펜치를 사용하면 바늘을 손쉽게 잡아당길 수 있습니다. 펜치가 헤드에 직접 닿으면 헤드를 오염시킬 수 있으니 주의하세요.

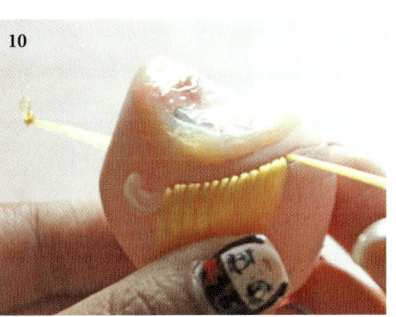

09 4~8의 과정을 반복하며 헤어 외곽선을 따라 헤어를 심어줍니다.

10 앞머리 식모가 시작될 부분에서 식모를 멈추고 매듭을 지은 다음 헤어를 바깥쪽으로 잡아당겨 마무리합니다.

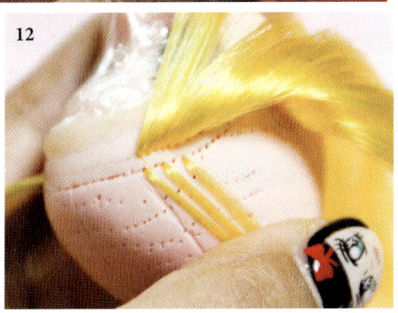

11 앞머리 식모가 진행될 부분을 빼고 반대쪽 옆머리를 위와 같은 방법으로 심어줍니다.

12 촘촘하게 식모했지만, 새로운 식모 라인과 기존 식모의 간격이 멀어 식모 구멍이 보이거나 틈이 많이 보인다면 외곽 라인에서 3mm 정도 안쪽에 3~4mm 간격으로 식모를 보충해줍니다.

step4. 양 갈래 식모하기 | 뒷머리 심기

이번엔 뒷머리를 심을 차례입니다. 방법은 옆머리와 동일합니다. 식모가 끝날 때까지 사슬뜨기를 계속 이어가도 상관없지만 중간중간 매듭을 지어주면 실수로 사슬이 풀리는 경우를 줄일 수 있답니다.

01 뒤통수 하단의 식모 라인을 따라 식모를 해 줍니다.

02 뒤통수 하단의 식모를 마치면 매듭을 짓고 식모 헤어를 바깥쪽에서 잡아당겨 마무리합니다.

03 옆머리와 뒷머리 식모 작업이 끝난 모습입니다. 양 갈래 머리를 묶을 예정이기 때문에 헤어 안쪽은 식모하지 않습니다.

04 옆머리와 뒷머리를 뒤쪽 가르마를 중심으로 두 개로 나눠 집게핀이나 고무줄로 묶어 둡니다.

• TIP •

식모 라인 수정하기

기존과 다른 헤어스타일을 할 경우나 공장에서 심은 식모의 경우 라인이 고르지 못한 때는 식모 라인을 수정하기도 합니다. 식모 라인 수정 시에는 진하지 않은 연필로 새 식모 라인을 헤드에 직접 그려주고 식모를 했을 때 기존의 식모 라인(기존 식모 구멍)이 보이지 않도록 그려주어야 합니다.

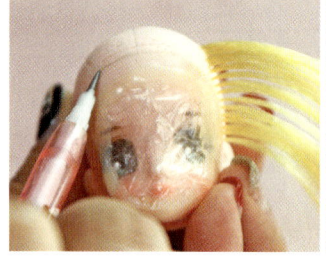

step5. 양 갈래 식모하기 | 앞머리 심기

이제 앞머리를 심어줄 차례입니다. 앞머리와 정수리 가르마 부분의 식모는 방향만 다르며 방법은 동일합니다. 헤어를 교차하며 심는 것이 자연스런 가르마를 만드는 요령입니다.

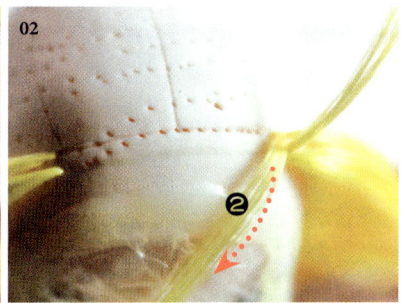

01 양 갈래 옆머리 식모의 1~3번 과정을 참고하여 첫 번째 헤어를 식모한 뒤 밖으로 나온 헤어를 정수리 쪽으로 넘겨줍니다. (1번 헤어)

02 1번 헤어에서 뒤쪽(정수리 방향)으로 3mm 정도 떨어진 지점에 두 번째 헤어를 심고, 이 헤어는 얼굴 쪽으로 넘깁니다. (사슬뜨기 방식은 계속 유지하며 작업합니다.)

03 1번 헤어를 심은 식모 구멍 바로 옆에 세 번째 헤어를 심어줍니다.

04 세 번째 헤어는 다시 정수리 쪽으로 넘겨줍니다.

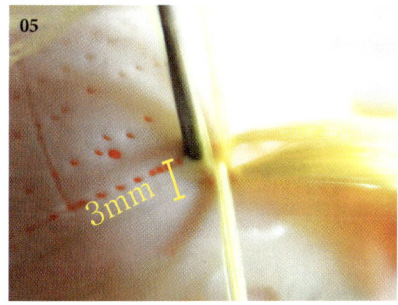

05 세 번째 헤어에서 뒤쪽으로 3mm 정도 떨어진 지점에 네 번째 헤어를 심고, 이 헤어는 얼굴 쪽으로 넘깁니다.

06 2~6의 과정으로 한 번씩 앞뒤로 헤어를 교차시키면서 앞머리의 끝 지점까지 사슬뜨기 식모를 합니다.

07 앞머리 식모 중 마지막에 심는 헤어는 매듭을 지어 바깥으로 당겨 마무리합니다.

08 앞뒤로 교차시킨 헤어가 섞이지 않도록 앞으로 넘긴 헤어를 따로 고무줄로 묶고, 정수리 쪽으로 넘긴 헤어는 가운데 가르마를 중심으로 둘로 나눠 옆머리와 함께 묶어둡니다.

step6. 양 갈래 식모하기 | 정수리 가르마를 중심으로 심기

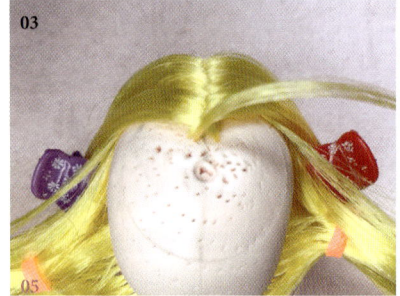

01 앞머리를 심을 때와 같은 방식으로 왼쪽 식모 구멍에 심은 헤어는 오른쪽으로, 옆쪽 3mm 떨어져 심은 헤어는 왼쪽으로 넘기며 식모를 합니다.

02 좌우로 넘긴 헤어끼리 섞이는 일이 없도록 집게핀을 이용해 각각 고정하면서 작업하면 편리합니다.

03 간혹 헤드 정수리 부분에 커다란 구멍이 있는 경우가 있습니다. 커다란 구멍이 있을 때는 가르마를 중심으로 좌우 같은 간격으로 떨어진 곳에 식모해 각각의 헤어를 좌우로 교차해주면 비교적 자연스러운 가르마 라인이 완성됩니다.

04 식모를 마치면 매듭을 지은 다음 밖에서 헤어를 당겨 마무리합니다.

• TIP •

정수리 식모 라인 수정하기

- 가르마가 되는 라인이 정수리 쪽 구멍 때문에 끊겨 있을 때는 가르마를 연필로 그려주세요(왼쪽 사진).
- 정수리 큰 구멍 부근을 식모할 때는 오른쪽 사진과 같이 가르마를 중심으로 같은 간격을 유지하며 식모한 헤어를 교차해주면 자연스럽습니다(오른쪽 사진).

step7. 양 갈래로 묶기

01 이제 양 갈래 머리를 각각 묶어주도록 합니다. 투명 고무줄이나 헤어 색상과 유사한 색상의 실을 여러 번 감아 묶어줍니다.

02 묶은 실이 늘어지지 않도록 가위로 짧게 잘라줍니다.

03 헤어를 절반으로 나눠 좌우로 살짝 당겨주어 좀 더 짱짱하게 묶어줍니다.

04 남은 쪽도 마저 묶어주었습니다.

step8. 앞머리 자르기

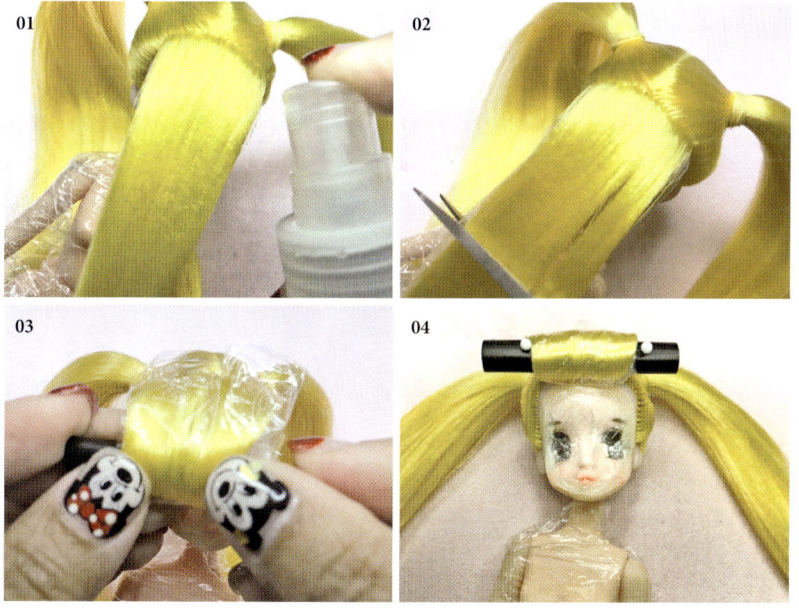

01 식모한 헤드를 바디에 결합시킨 다음 분무기로 앞머리에 물을 뿌려 살짝 적셔줍니다.

Tip 이때 오염을 방지하기 위해 바디에 랩을 감아주면 좋아요.

02 물에 적신 앞머리를 가지런히 빗어준 후 적당한 길이로 잘라줍니다.

Tip 살짝 길다 싶게 잘라줍니다.

03 랩을 작게 오려 앞머리를 감싼 후 굵은 빨대를 이용해 안으로 말아줍니다.

04 이마 끝까지 돌돌 말아준 후 시침핀을 꽂아 빨대를 헤드에 고정합니다.

주의 이때 시침핀을 꽂는 방향이 얼굴 쪽으로 가지 않도록 주의하세요.

step9. 물 펌 하기 | 캔디 펌 하기

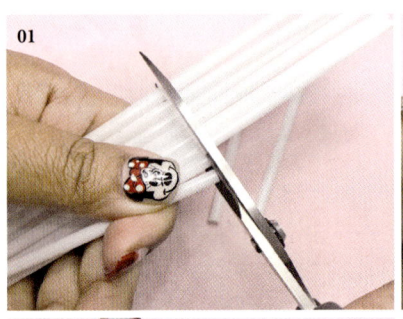
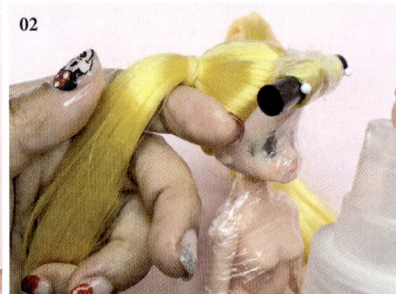

01 인형용 헤어로트가 있으면 좋지만 빨대로도 충분히 헤어펌을 할 수 있답니다. 얇은 빨대의 중간을 잘라 10개쯤 준비합니다.

02 물 펌 할 헤어는 분무기로 물을 뿌려 빗질해 줍니다.

03 양쪽에 다섯 개씩 빨대를 이용해 헤어를 말아줍니다. 먼저 헤어를 1/5로 나눈 뒤 헤어 위쪽에 빨대를 놓고 헤어 끝부분을 왼손으로 잡아 고정한 후 오른손으로 헤어를 헤드 쪽으로 돌돌 말아줍니다.

04 머리를 묶은 지점까지 돌돌 말아준 후 시침핀으로 빨대와 헤드를 고정합니다.

05 1/5로 나눠놓은 다른 헤어를 가지런히 잡고 이번엔 헤어의 아래쪽에 빨대를 놓은 다음 헤드 쪽으로 돌돌 말아줍니다. 역시 시침핀으로 고정합니다.

06 5번과 같은 방법으로 남은 3갈래를 마저 말아 시침핀으로 고정합니다.

07 반대쪽도 같은 방법으로 빨대로 말아 시침핀으로 고정시킨 다음 헤드와 바디를 분리합니다.

08 헤어의 엉킴을 방지하고 스팀 펌의 효과를 극대화하기 위해 랩으로 헤어를 감싸줍니다.(이때 페인팅을 보호하기 위해 얼굴에 씌워둔 랩은 제거해주세요. 목공풀이 뜨거운 물에 녹아 끈적이며 지저분해질 수 있기 때문입니다.)

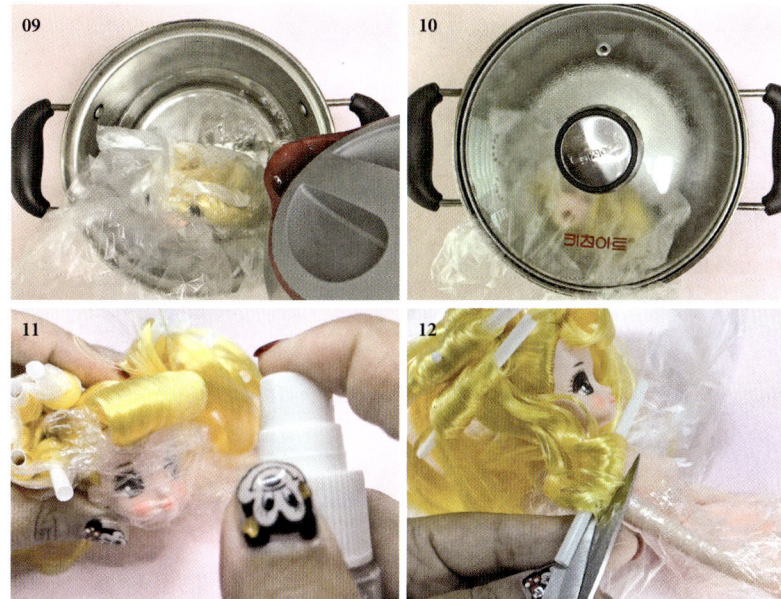

09 온도 유지 효과가 좋은 재질의 냄비나 용기에 비닐봉지를 넣고 그 안에 랩으로 감싼 헤드를 넣습니다. 100℃로 끓인 물을 1리터 정도 냄비에 부어주세요.
Tip 페인팅 손상 방지를 위해 헤드의 안면부가 위를 향하도록 놓아주세요.

10 물의 온도가 오래 지속될 수 있도록 뚜껑을 덮어줍니다. 물이 완전히 식을 때까지 이 상태를 유지합니다.

11 물이 완전히 식으면 꺼내 헤드의 랩을 제거하고 앞머리부터 풀어준 뒤 앞머리에 헤어 고정액을 분사하여 고정합니다.

12 빨대로 말지 않은 부분(컬이 생기지 않은 부분)을 가로로 잘라낸 다음 헤드와 몸통을 결합니다.

13 빨대로 말지 않은 컬이 없는 부분을 모두 잘라 정리합니다.

14 촘촘한 꼬리빗을 세로로 세워 컬 뭉치를 나뉘준다는 느낌으로 빗어줍니다.

15 반대쪽도 빗질하여 풍성한 웨이브 펌을 완성합니다.

16 앞, 뒤, 양옆 웨이브 헤어에 헤어 고정액을 골고루 분사해 컬이 유지될 수 있도록 해줍니다.

에이미의 헤어 살롱 2

〈캔디〉의 일라이저가 연상되는 돌돌 말린 롤 헤어도
인형을 돋보이게 하는 최고의 헤어스타일이라고 할 수 있습니다.
골디락스의 헤어스타일로도 사용된 '일라이저 펌'을 소개합니다.

• 필요한 재료 •

중간 빨대 1개
얇은 빨대(요구르트용) 14개
시침핀
투명 고무줄이나 헤어 색상과 비슷한 색의 실
가위

랩
분무기
꼬리빗
투명 테이프

• 작업 과정 •

비교적 길고 루스한 웨이브 헤어를 가진 다음 모델을 일라이저 헤어스타일로 변신시켜봅니다.

01 오염을 막기 위해 바디를 랩으로 감쌉니다.

02 가르마대로 잘 나누어 꼬리빗으로 꼼꼼히 빗어줍니다.

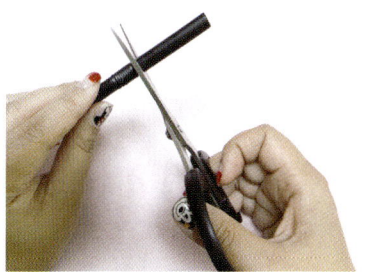

03 헤어로트로 사용할 빨대(대)를 3~4cm 길이로 잘라 13개 준비합니다.

04 앞머리는 랩으로 헤어를 감싼 후 빨대를 앞머리 밑에 위치시킨 후 이마 쪽으로 돌돌 말아줍니다.

05 빨대로 말아놓은 앞머리 양옆을 시침핀으로 고정합니다. 이때 시침핀의 방향이 얼굴 쪽으로 가지 않도록 주의하세요.

06 가르마 양쪽으로 이마 라인 경계선의 헤어를 모아 반 묶음(토끼머리)으로 묶어줍니다. 묶지 않은 안쪽의 헤어는 뒤쪽으로 잘 빗어줍니다.

07 머리를 말 때 쓸 랩을 적당한 크기로 잘라 넉넉히 준비합니다.

08 분무기로 물을 뿌려 헤어를 결대로 정리합니다.

09 반 묶음한 머리를 두 갈래로 나누어줍니다.

에이미의 헤어 살롱 2

10 빨대를 세로로 세워 바깥쪽에서 안쪽으로 말아줍니다.

11 같은 방향으로 꽈배기처럼 비스듬하게 헤어를 돌돌 말아줍니다.

12 준비한 랩으로 끝부분의 잔머리를 감싼 후 랩과 빨대를 투명 테이프를 붙여 고정합니다.

13 헤어를 말아준 빨대 상단을 시침핀으로 헤드에 고정시킵니다.

14 반 묶음한 나머지 헤어도 같은 방법으로 빨대로 말아줍니다.

15 반대편 반 묶음 머리의 경우 좌우 대칭을 이루도록 조금 전 작업했던 반대 방향(얼굴을 중심으로 바깥쪽에서 안쪽으로)으로 헤어를 빨대에 감아 고정시킵니다.

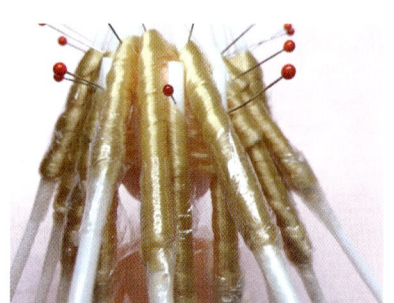

16 반 묶음한 머리를 제외한 나머지 뒷머리는 10갈래로 나누어 선호하는 한 방향으로 말아주되, 좌우 끝부분은 반 묶음 머리와 동일한 방향으로 맙니다.

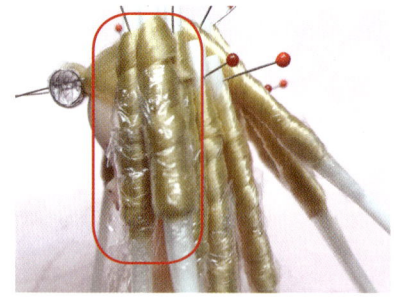

Tip 옆머리 두 갈래는 양쪽이 대칭을 이루도록 서로 반대 방향으로 말아줍니다.

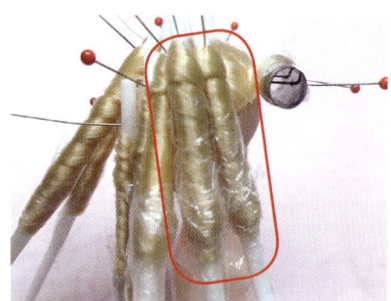

반대쪽 옆머리 두 갈래의 방향 참고.

17 랩으로 헤어를 잘 감쌉니다.

18 앞서 소개한 방법과 동일하게 뜨거운 물을 이용하여 스팀 펌을 해준 후 꺼내 헤어를 감쌌던 랩을 벗긴 다음 앞머리의 빨대와 랩을 우선 제거합니다.

19 옆머리와 뒷머리의 빨대를 고정했던 시침핀을 모두 제거한 다음 헤어 롤 끝부분에 맞춰 빨대를 가위로 자릅니다.

20 잔머리 정리를 위해 각 롤마다 감아줬던 랩을 살살 아래로 끌어당겨 제거합니다.

21 빨대 로트는 위쪽으로 살살 끌어당겨 제거해 줍니다.

22 시침핀과 랩, 빨대를 모두 제거합니다.

23 헤어 고정액이 묻지 않도록 얼굴과 바디를 랩으로 꼼꼼히 감싼 후 헤어 고정액을 골고루 분사합니다.

24 세팅한 머리가 망가지지 않게 환기가 잘되는 곳에 1~2시간 그대로 두어 건조시킵니다.

25 의상에 맞춰 리본이나 머리 끈으로 예쁘게 꾸며주세요.

부록

실물 옷본

인형 치수표

단위 cm

인형 타입	키	가슴둘레	허리둘레	엉덩이둘레	팔길이	머리둘레
꽃지	20	8.2	6.3	9.2	5.8	12
나나	19	8.3	7.4	9.8	6.0	12
모모	20	8.2	6.2	9.0	5.0	12
비얀코	18.7	8.5	7.0	8.5	5.0	12.5
사필도	19	8.0	6.6	8.5	5.8	9.0
카카롯	19.5	8.8	7.0	9.3	5.6	11.5
코제트	21	8.5	7.0	10	6.0	11.5
클라라	20.5	8.3	5.6	10	5.8	12

※ 치수는 재는 방식이나 개체 차이로 인해 오차가 있을 수 있습니다.
※ 팔길이는 어깨부터 팔목까지의 길이입니다.

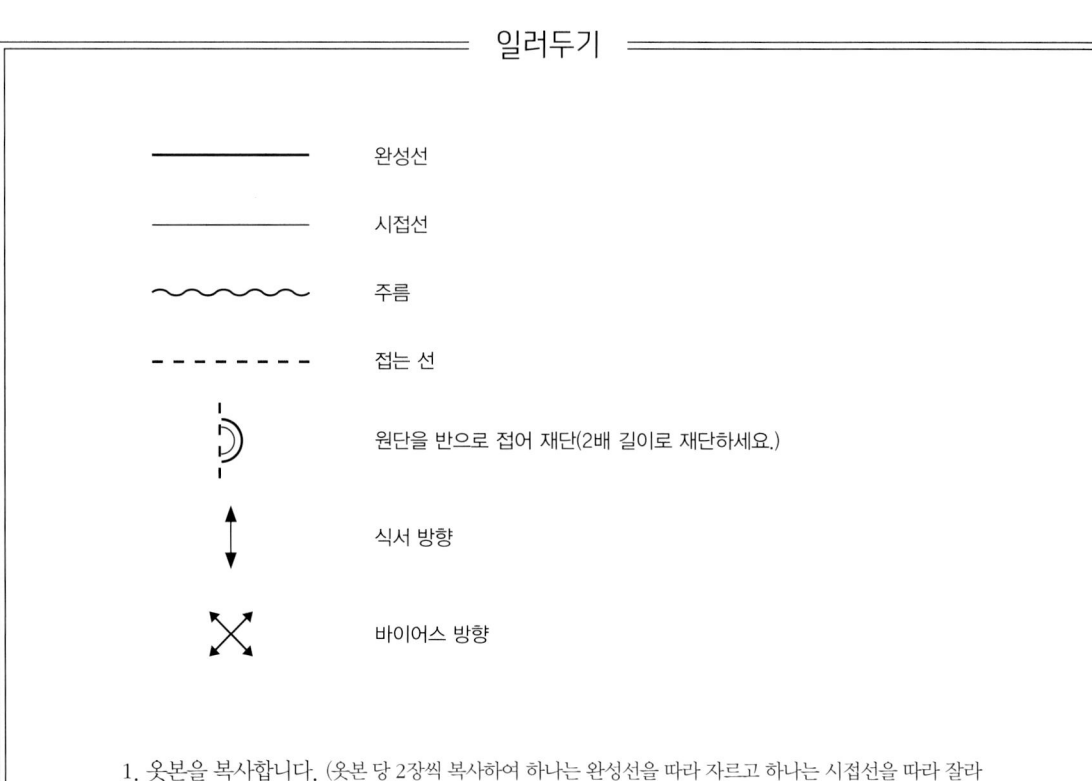

일러두기

― 완성선
― 시접선
～ 주름
------ 접는 선
원단을 반으로 접어 재단(2배 길이로 재단하세요.)
↕ 식서 방향
✕ 바이어스 방향

1. 옷본을 복사합니다. (옷본 당 2장씩 복사하여 하나는 완성선을 따라 자르고 하나는 시접선을 따라 잘라 두면 원단에 옷본을 그릴 때 편리합니다.)
2. 원단의 뒷면에 옷본을 올리고 초크 펜이나 원단용 펜으로 완성선과 시접선을 따라 그립니다.
3. 시접선을 따라 원단을 재단하고 완성선에 맞춰 재봉합니다.

앨리스 원피스 p.38

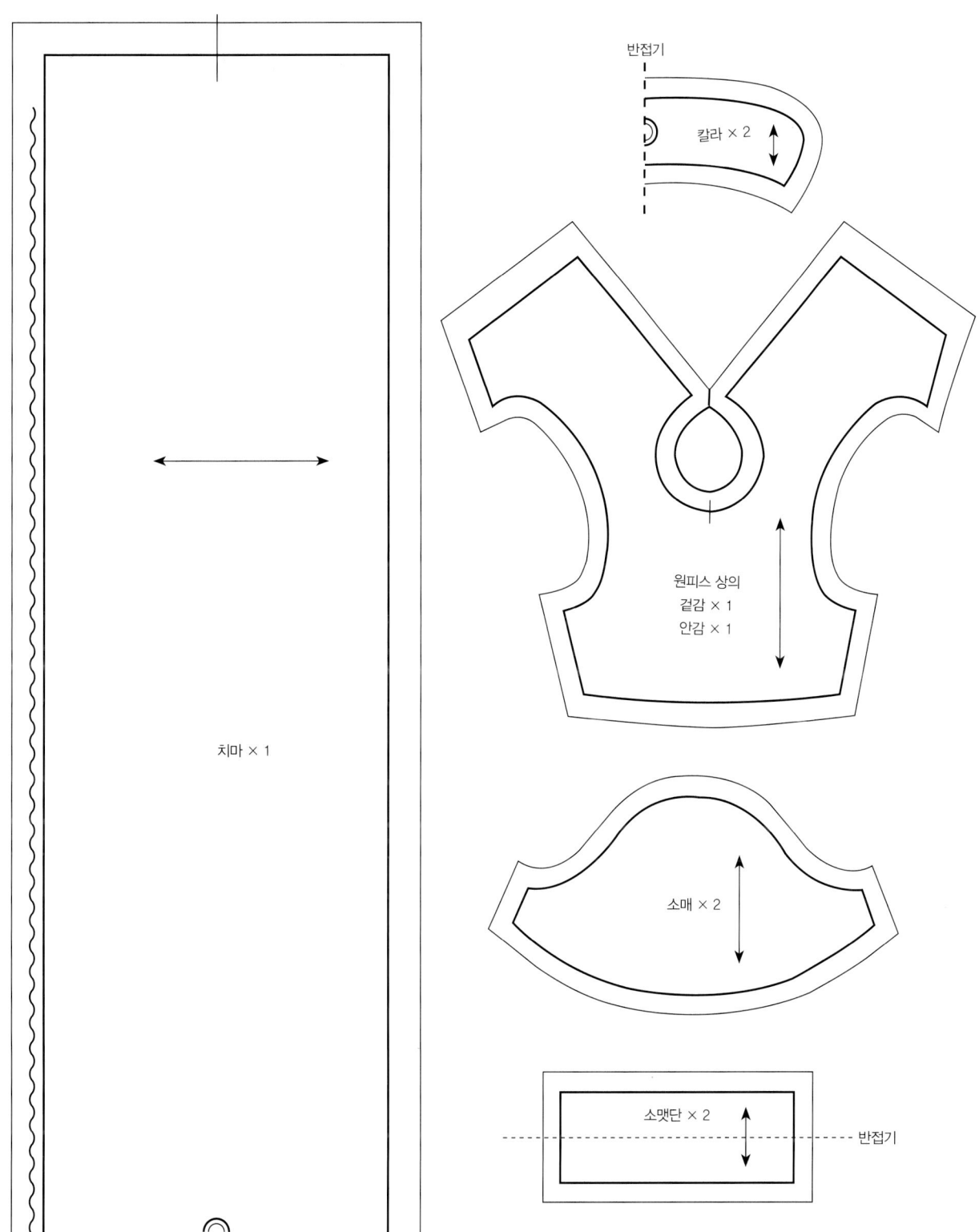

앨리스 앞치마 p.44

뒷벨트   상판 중심 연결부분   뒷벨트

허리띠 × 2

상판 × 2

치마 × 1

그레텔 원피스 p.48

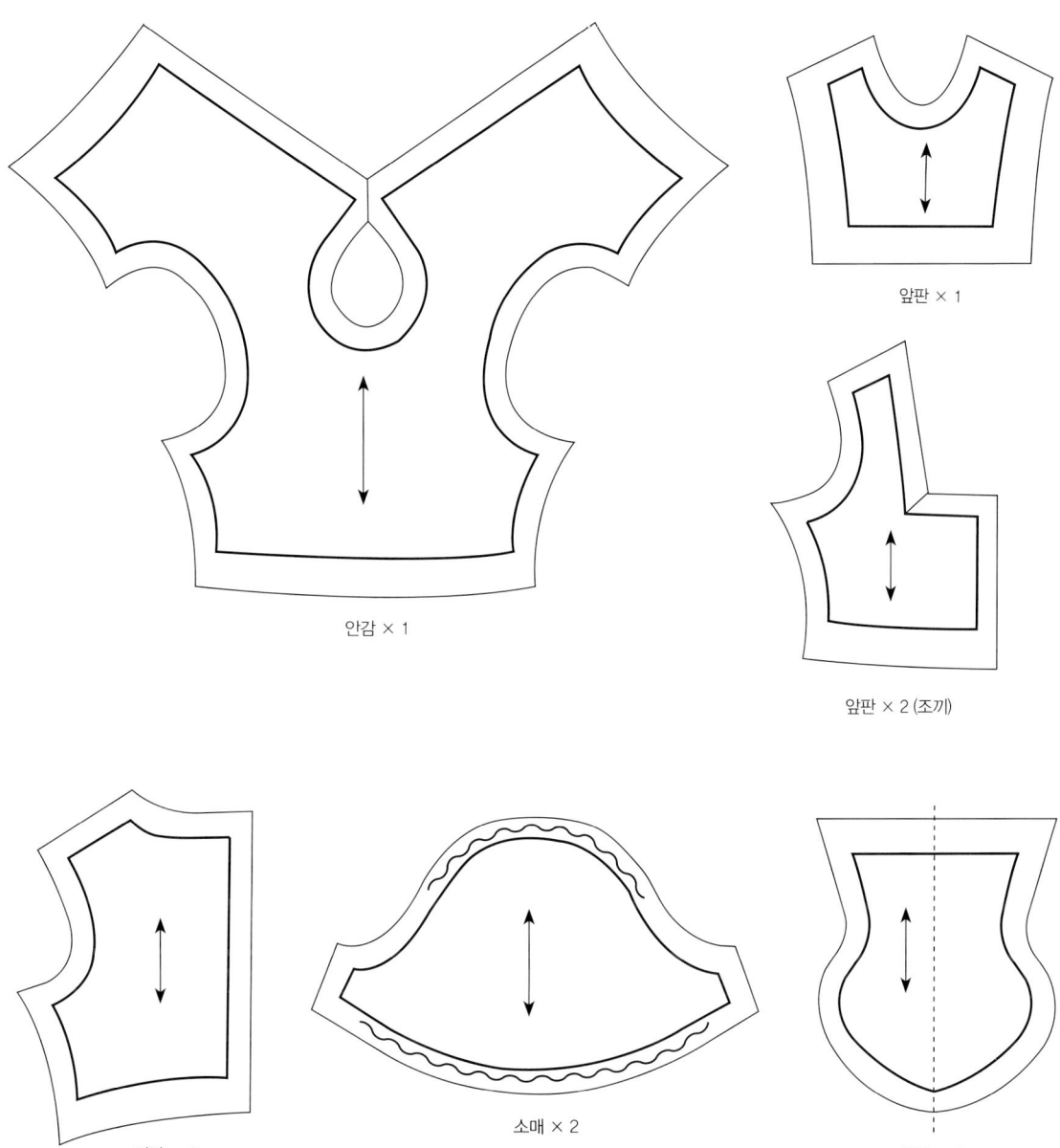

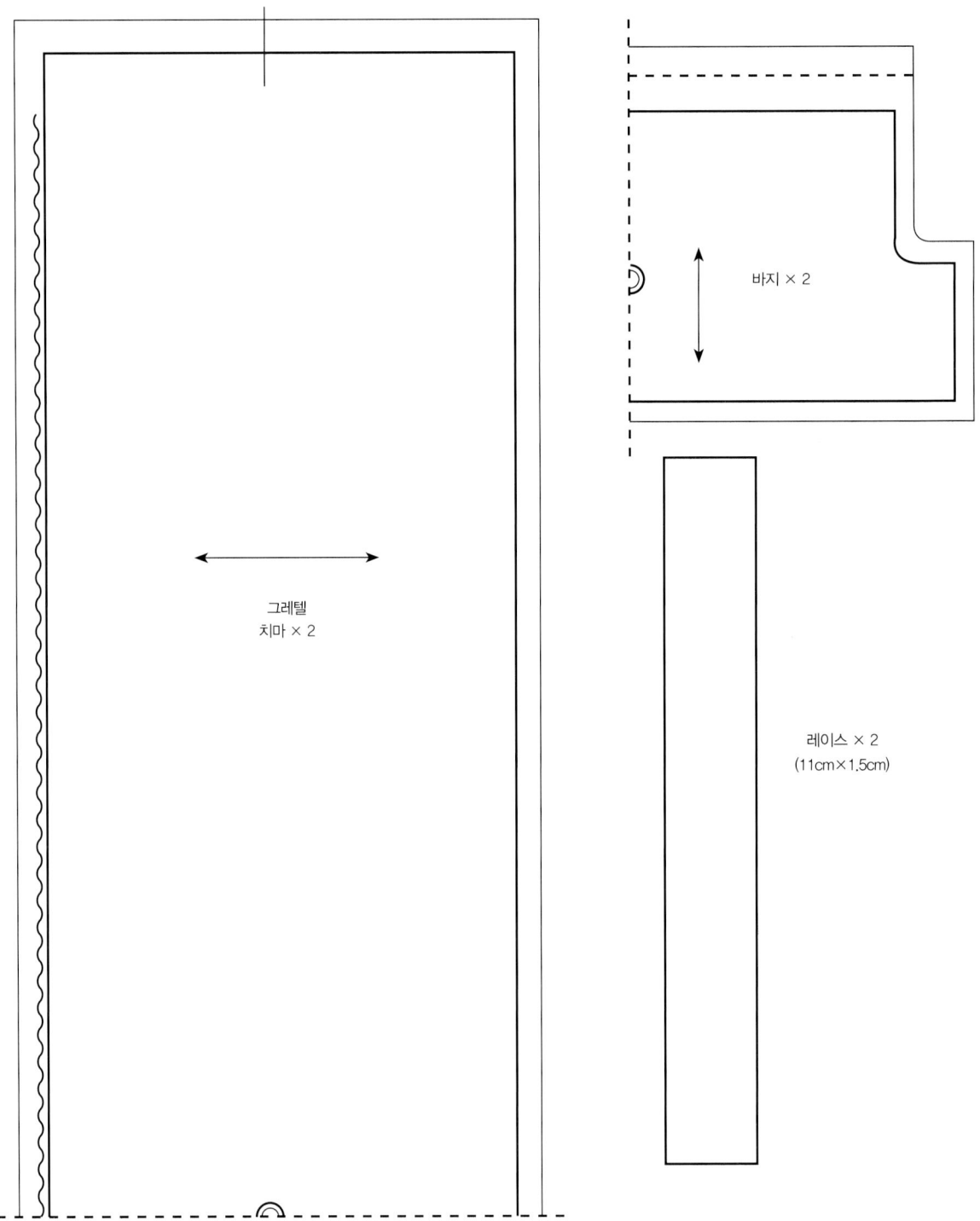

헨젤 셔츠 p.55

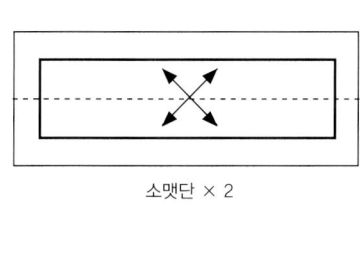
소맷단 × 2

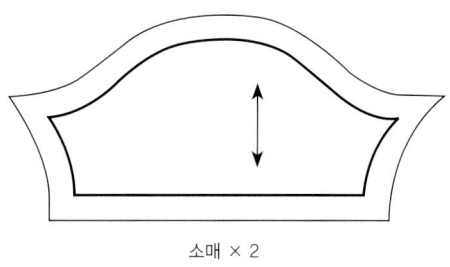
소매 × 2

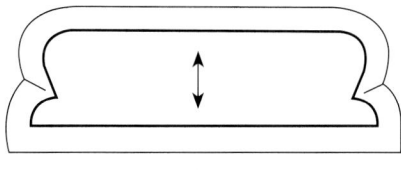
칼라 × 2

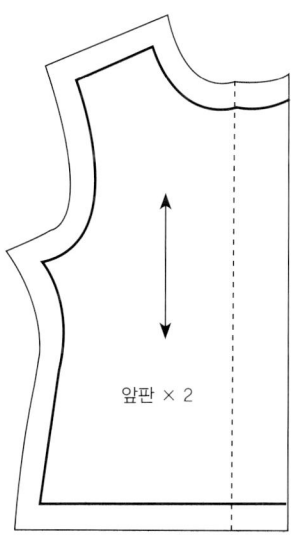
앞판 × 2

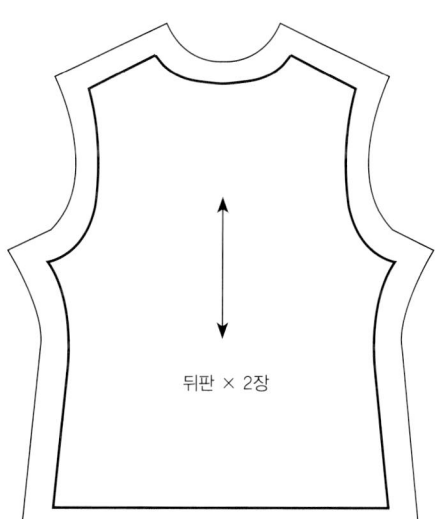
뒤판 × 2장

헨젤 반바지 p.57

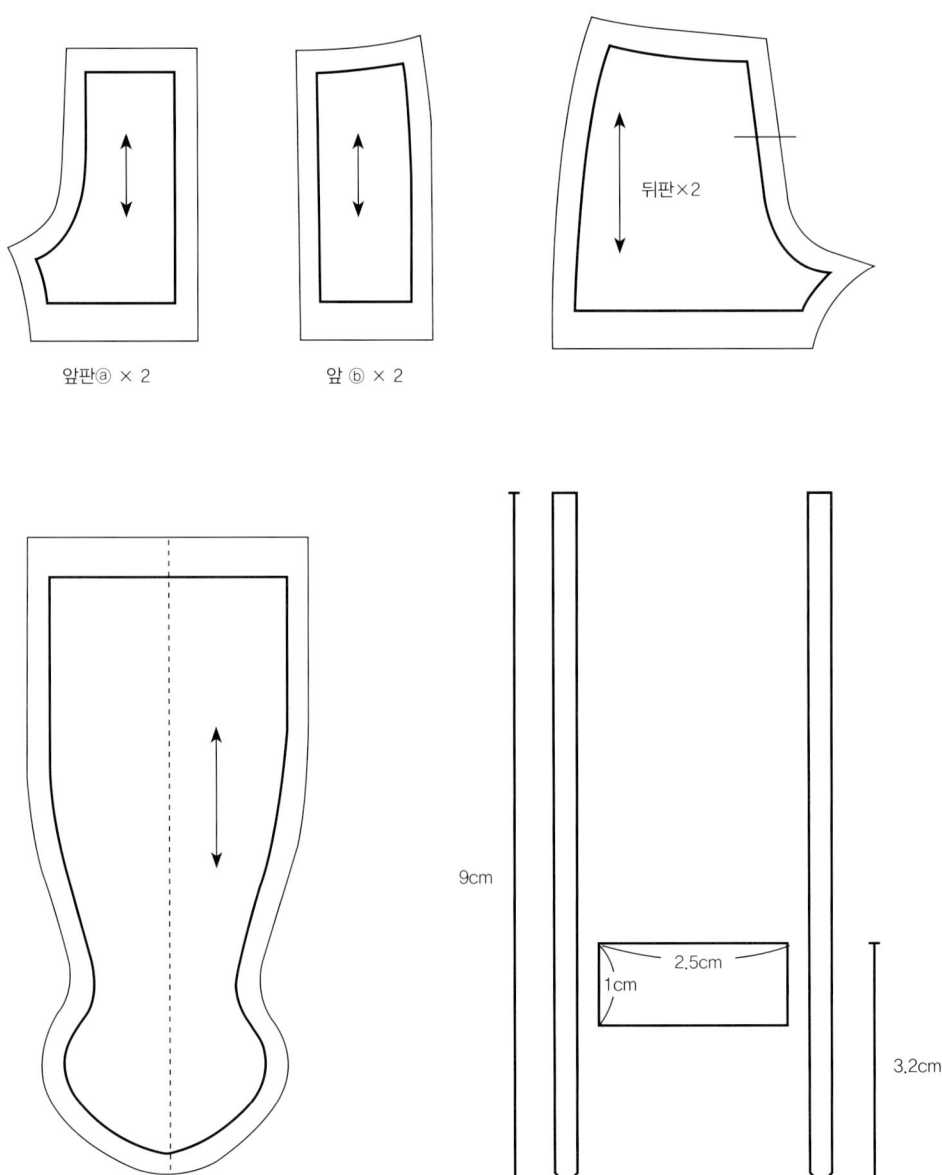

앞판ⓐ × 2   앞 ⓑ × 2   뒤판×2

타이즈 × 2   어깨끈 = 9cm × 0.35cm

헨젤 모자 p.59

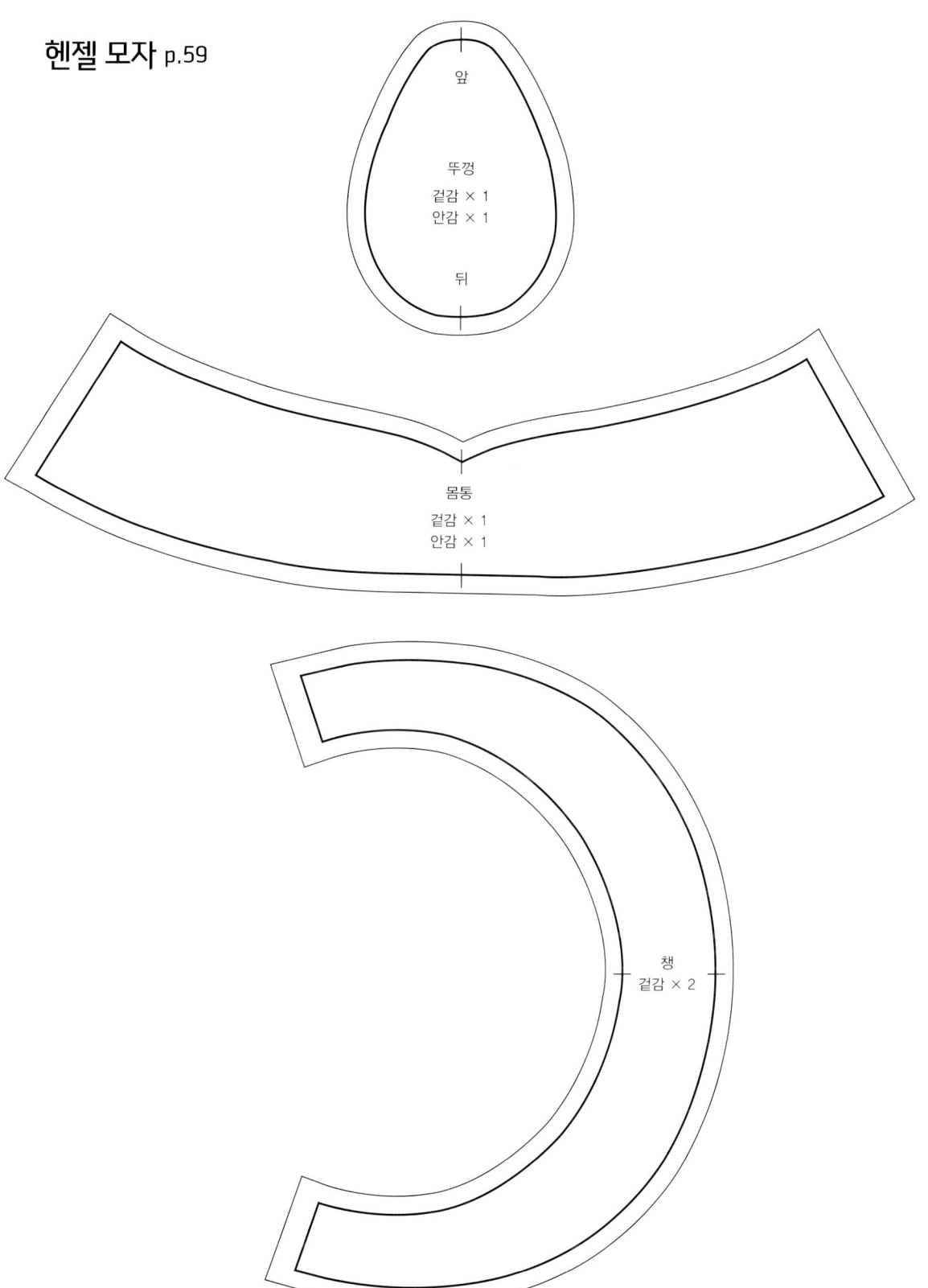

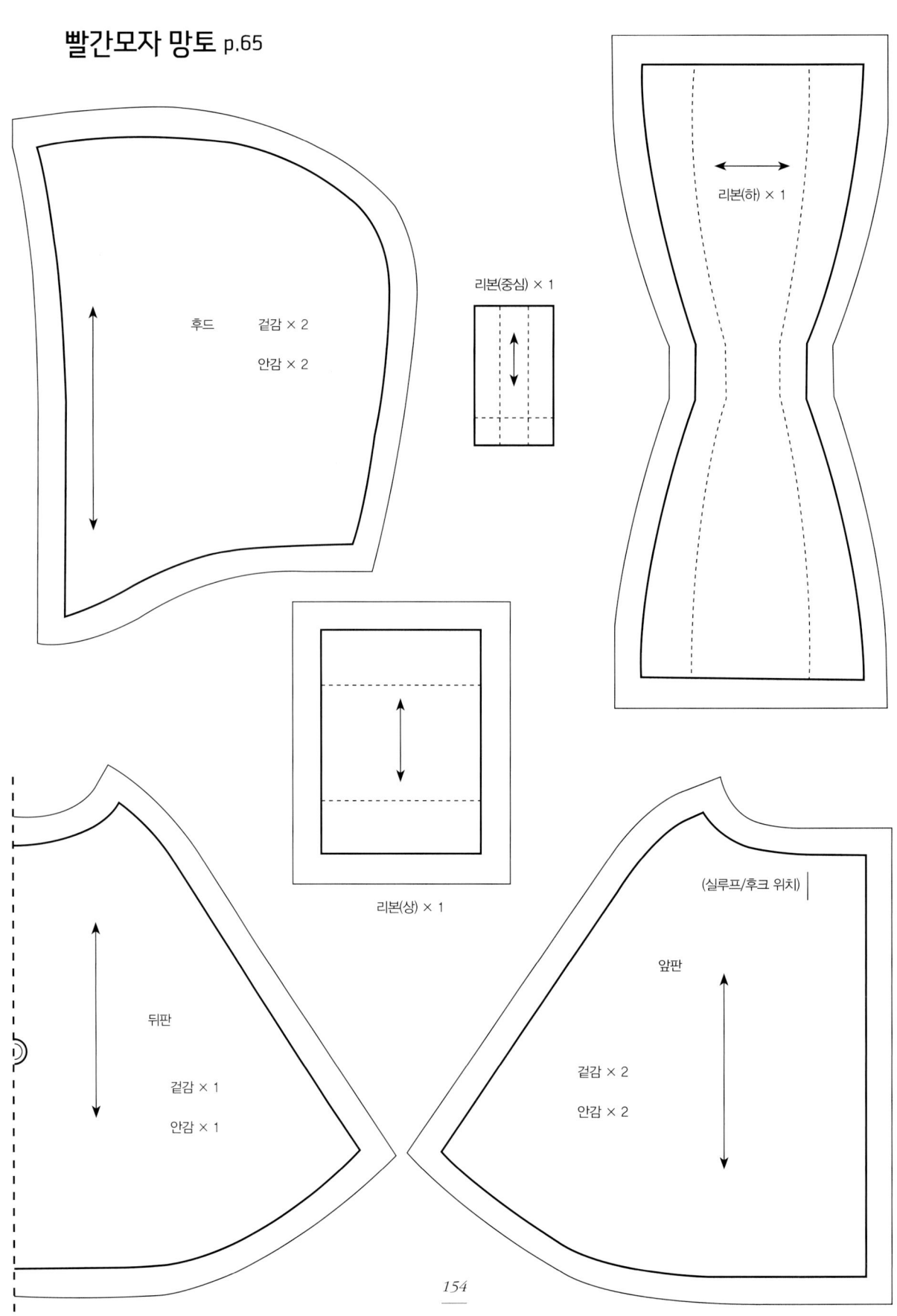

빨간모자 자수 원피스 p.68

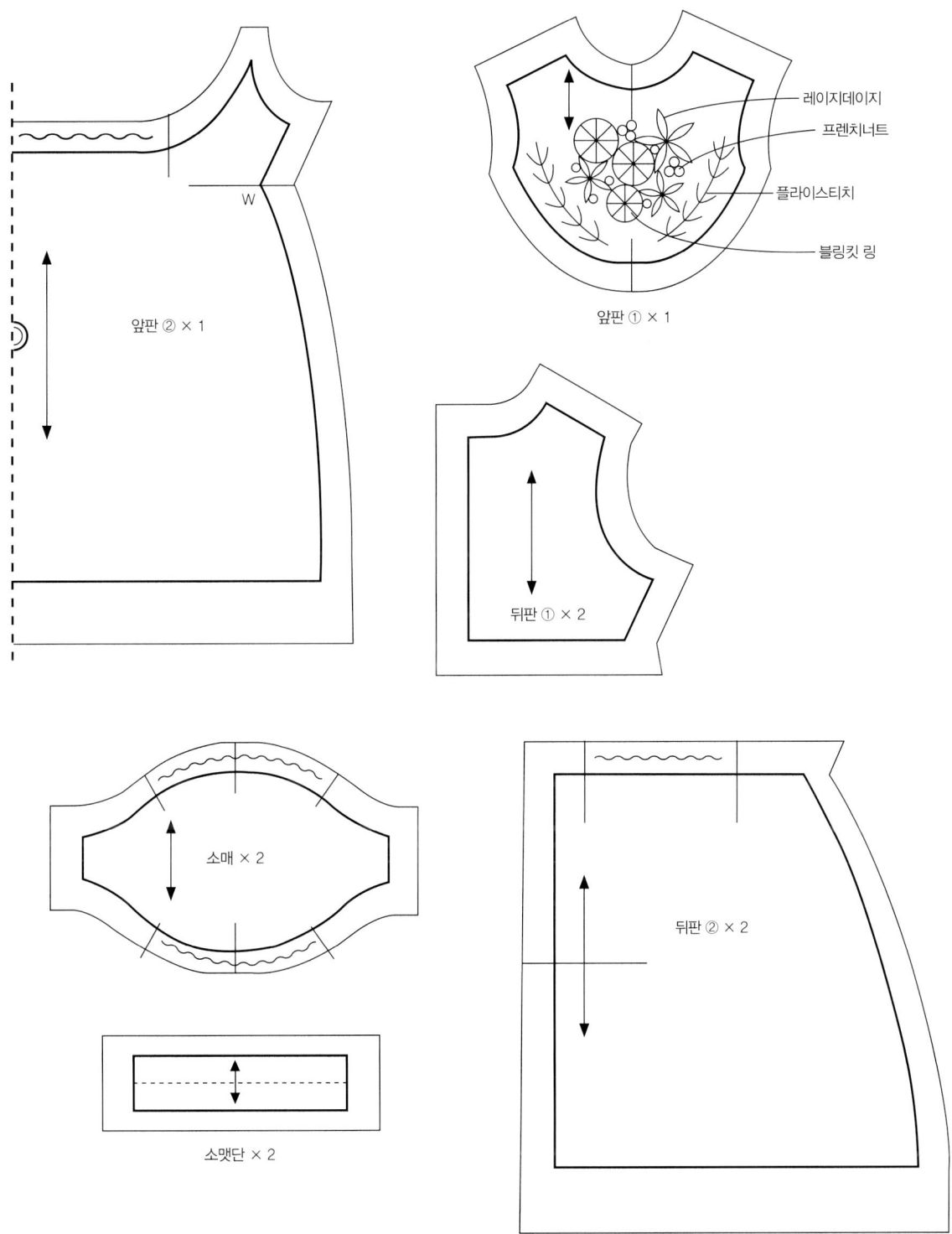

빨간모자 자수 원피스 p.68

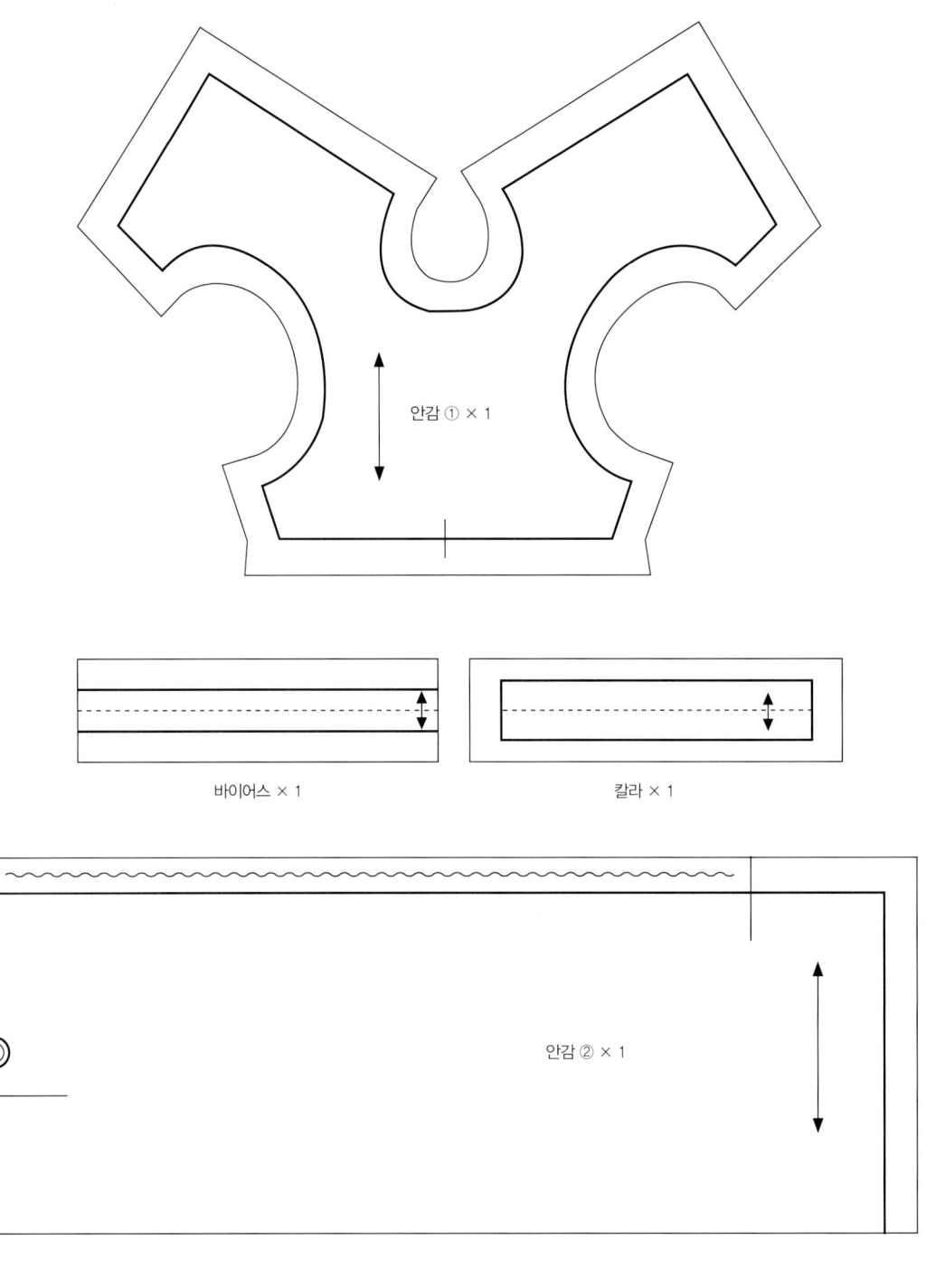

안감 ① × 1

바이어스 × 1

칼라 × 1

안감 ② × 1

빨간모자 잠옷 p.74

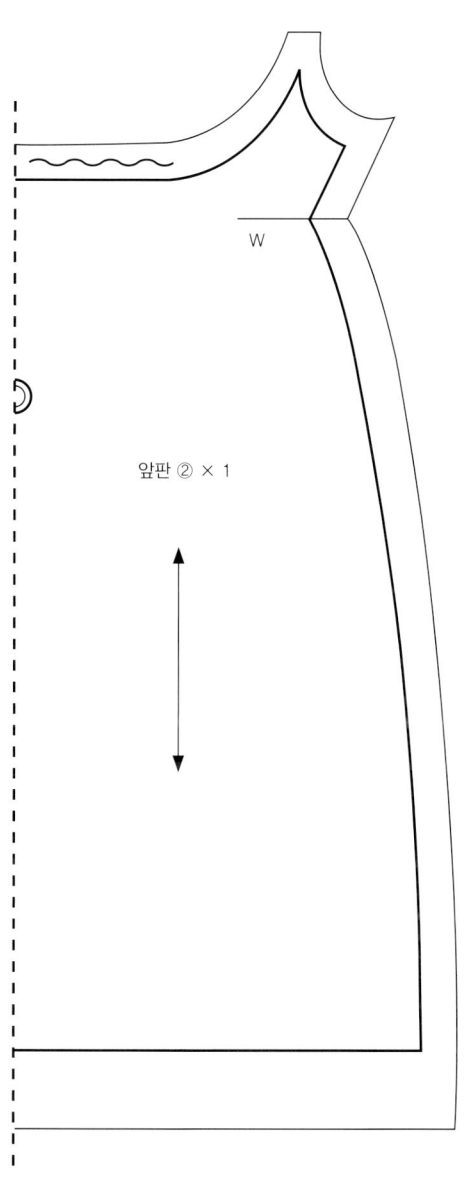
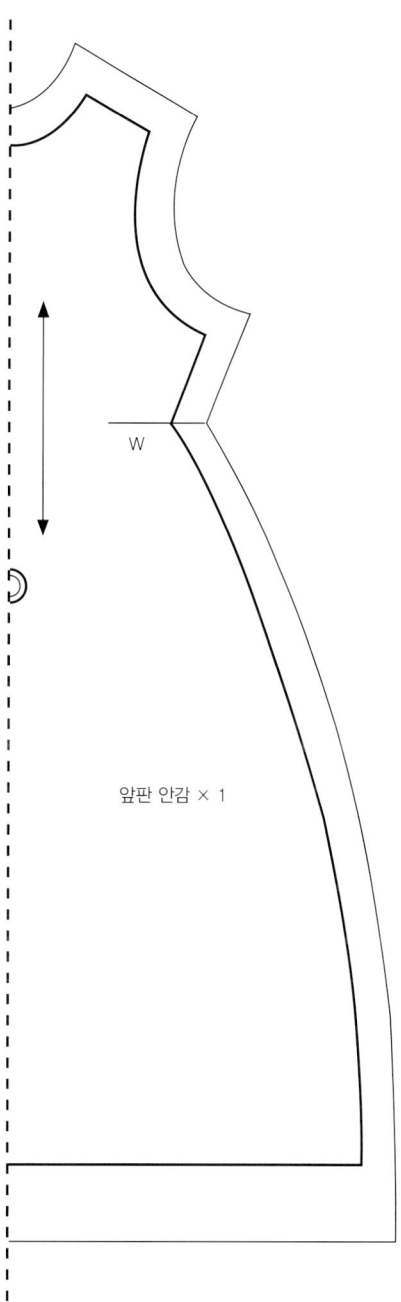

빨간모자 잠옷 p.74

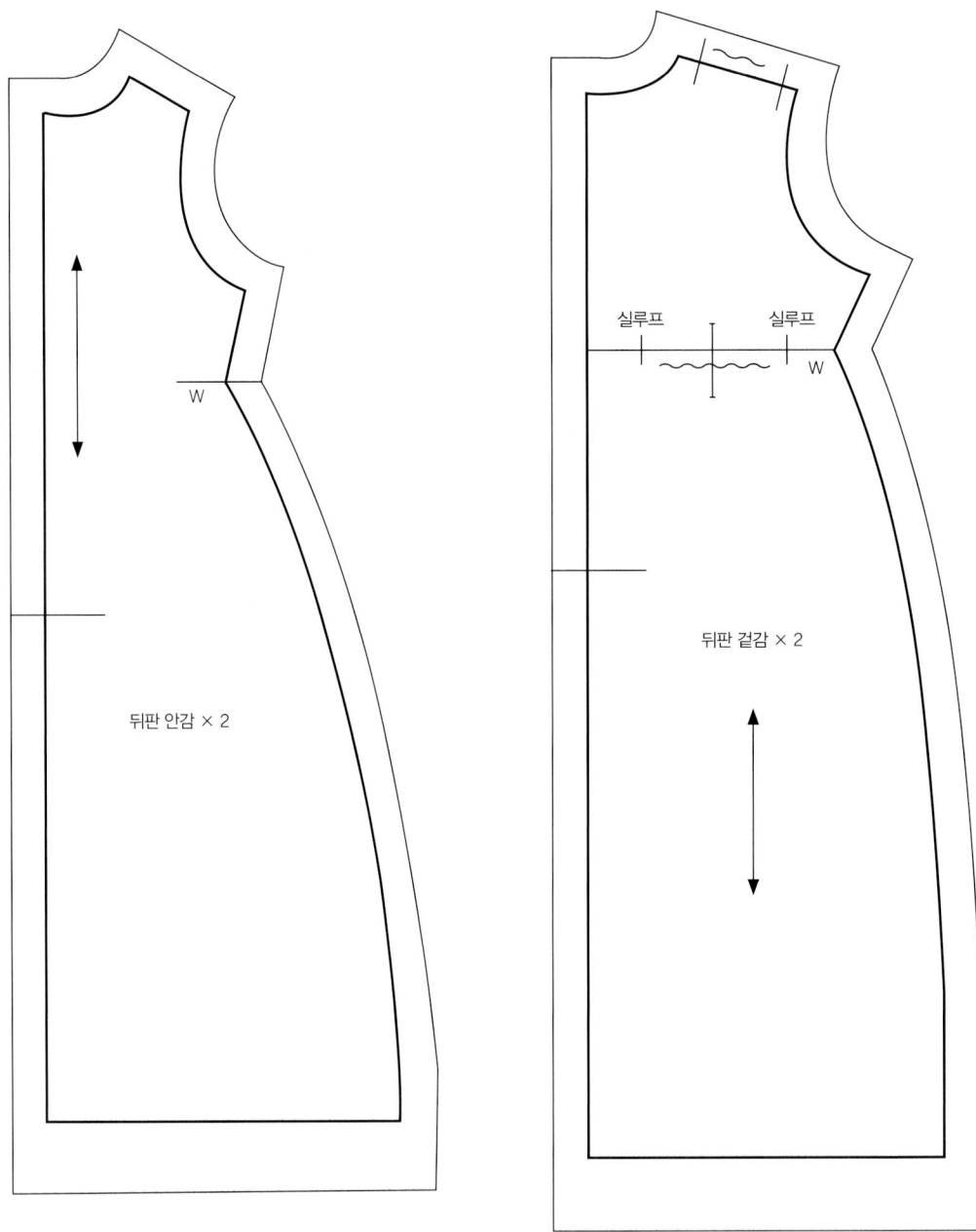

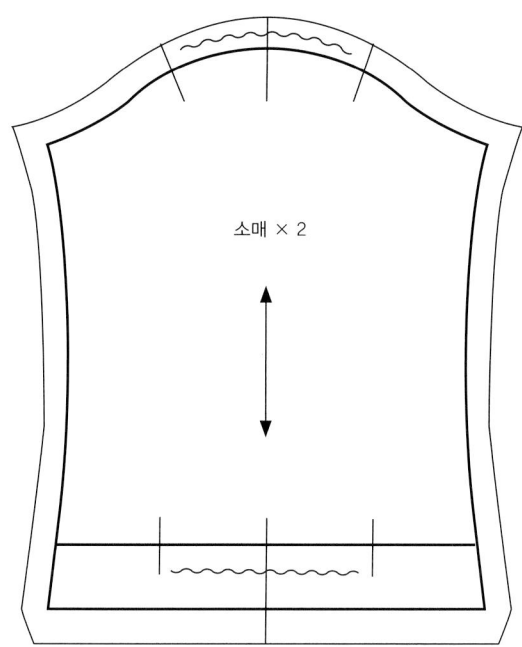
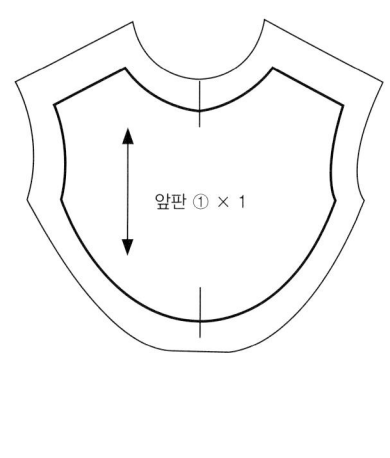

잠옷 모자 p73

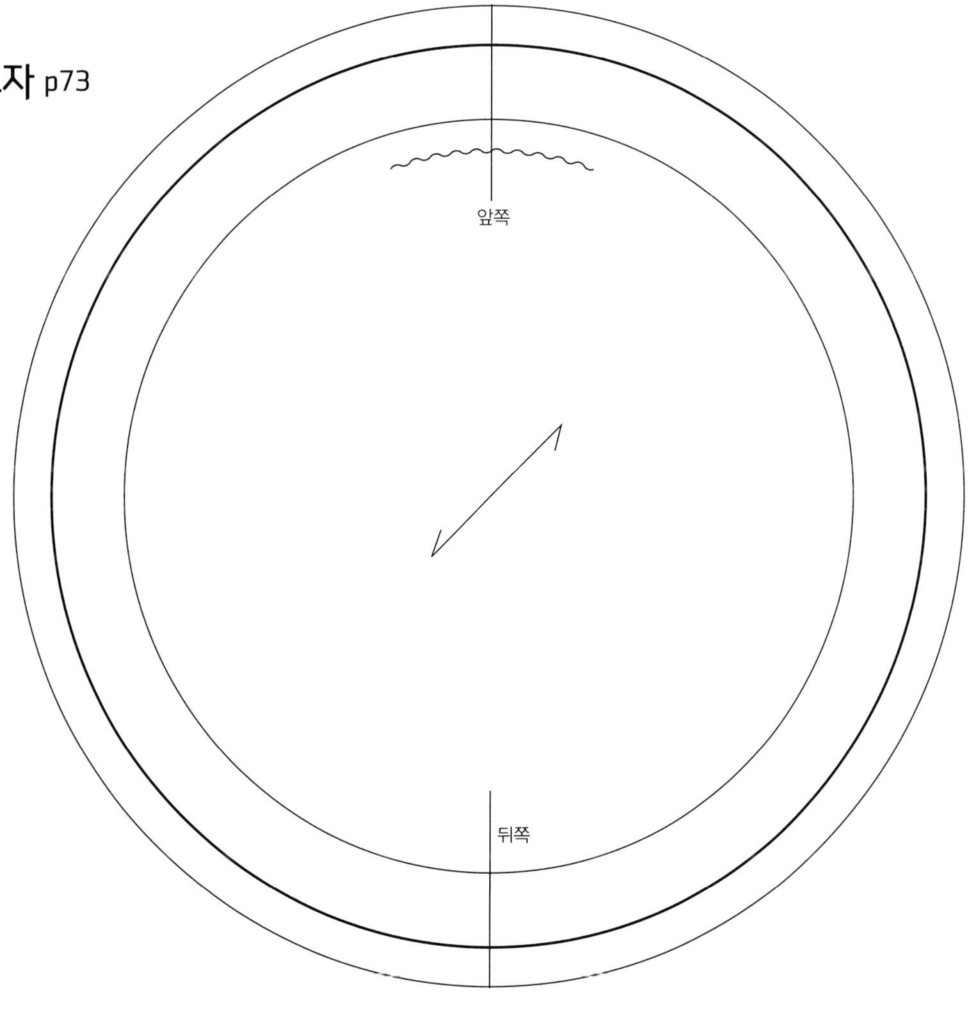

앤 원피스 p79

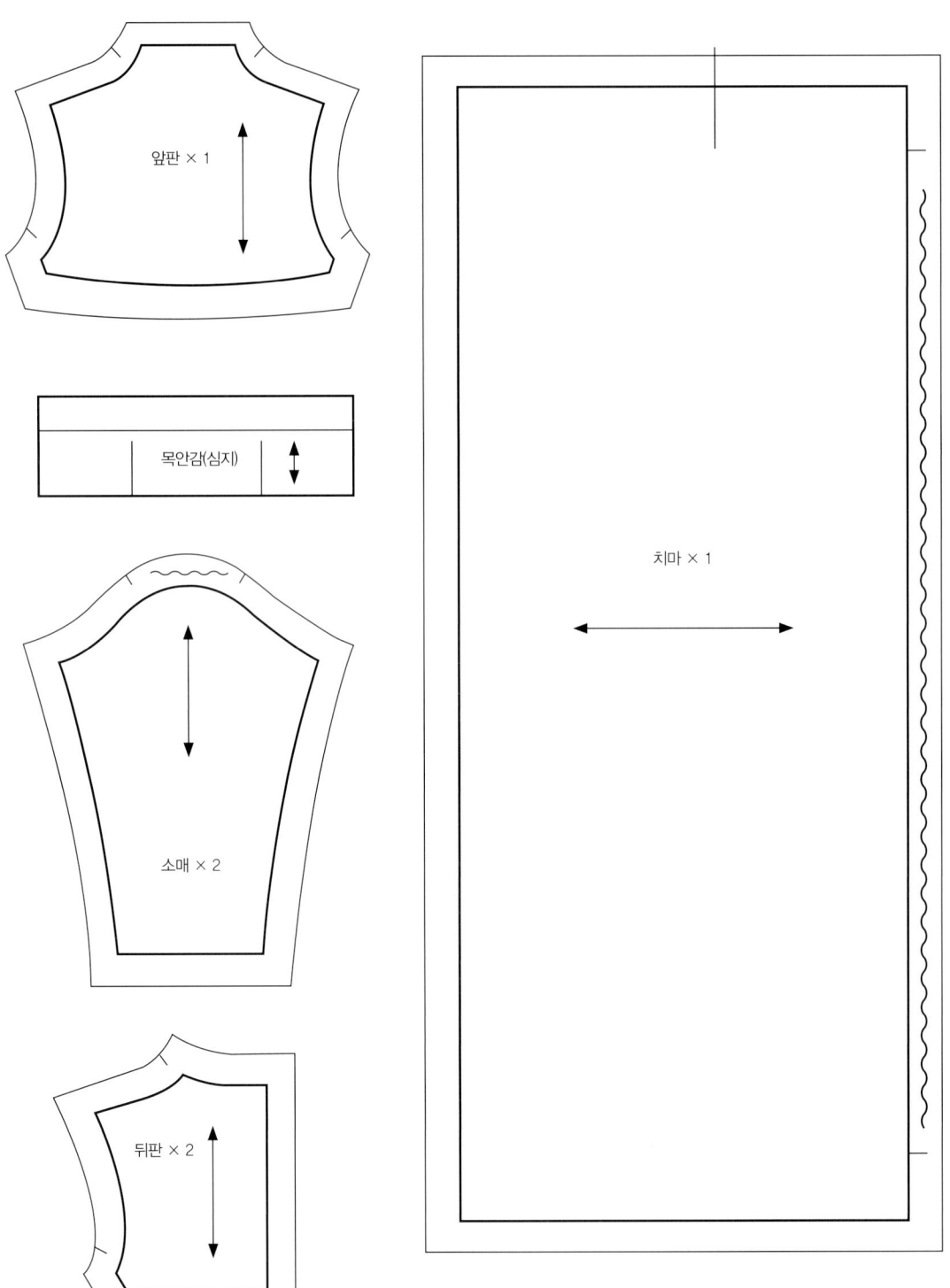

앤 앞치마 p82   리본: 어깨끈용(5.5cm) × 2, 허리끈용(11cm) × 2

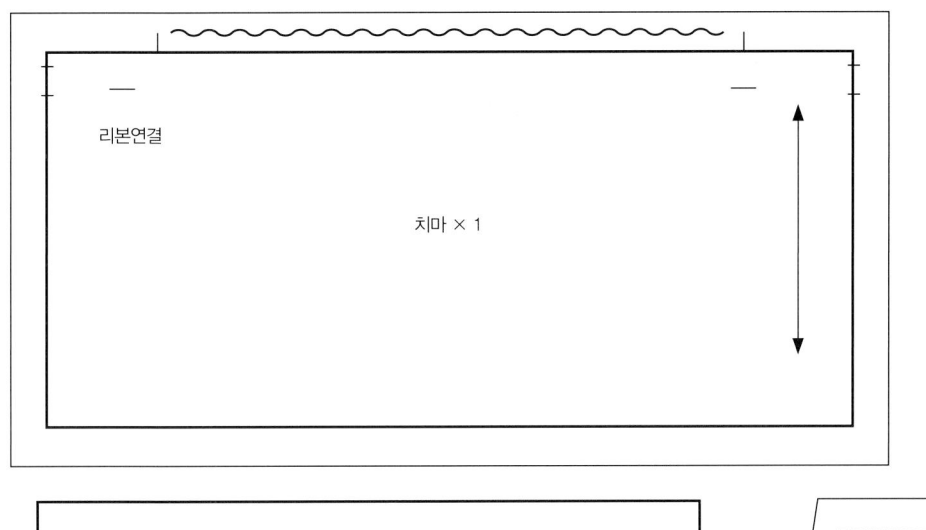
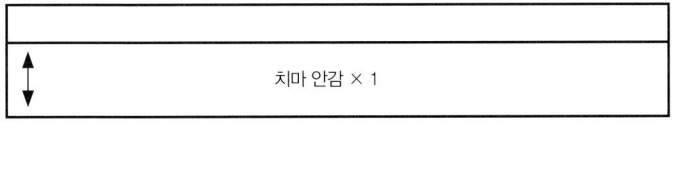
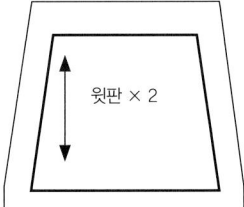

앤 & 다이애나 호박바지 p81

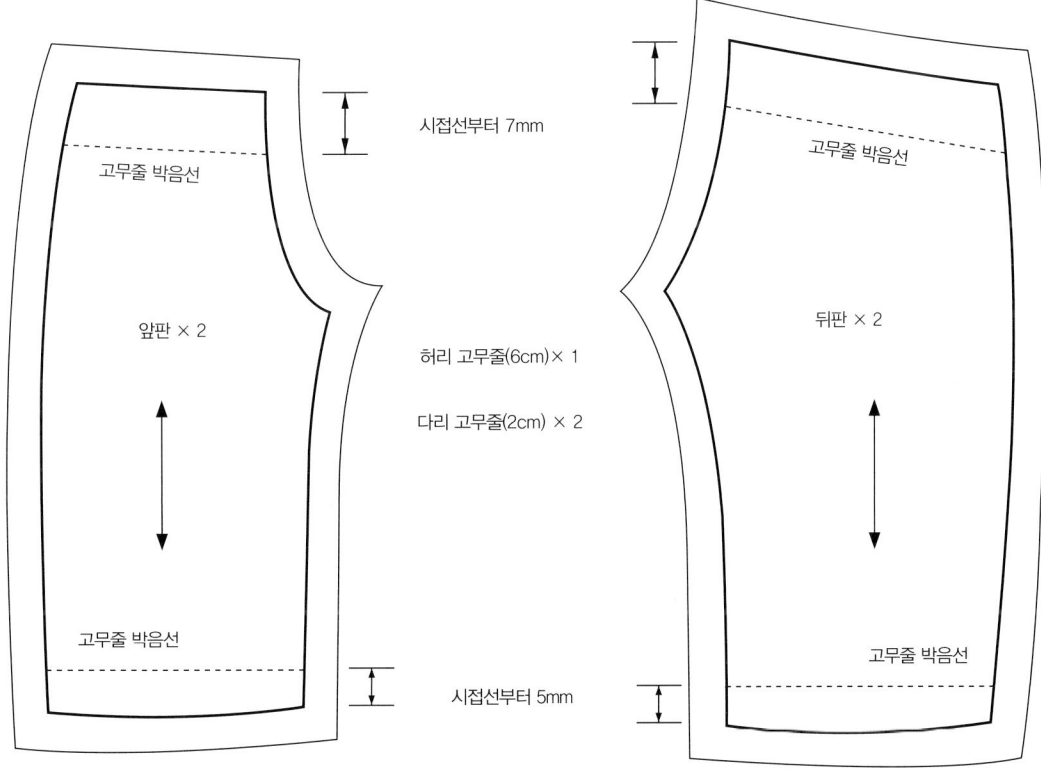

다이애나 원피스 p85

상의(앞)레이스(4cm) × 2 , 허리 레이스(10cm) × 1, 치마 레이스(21cm) × 1

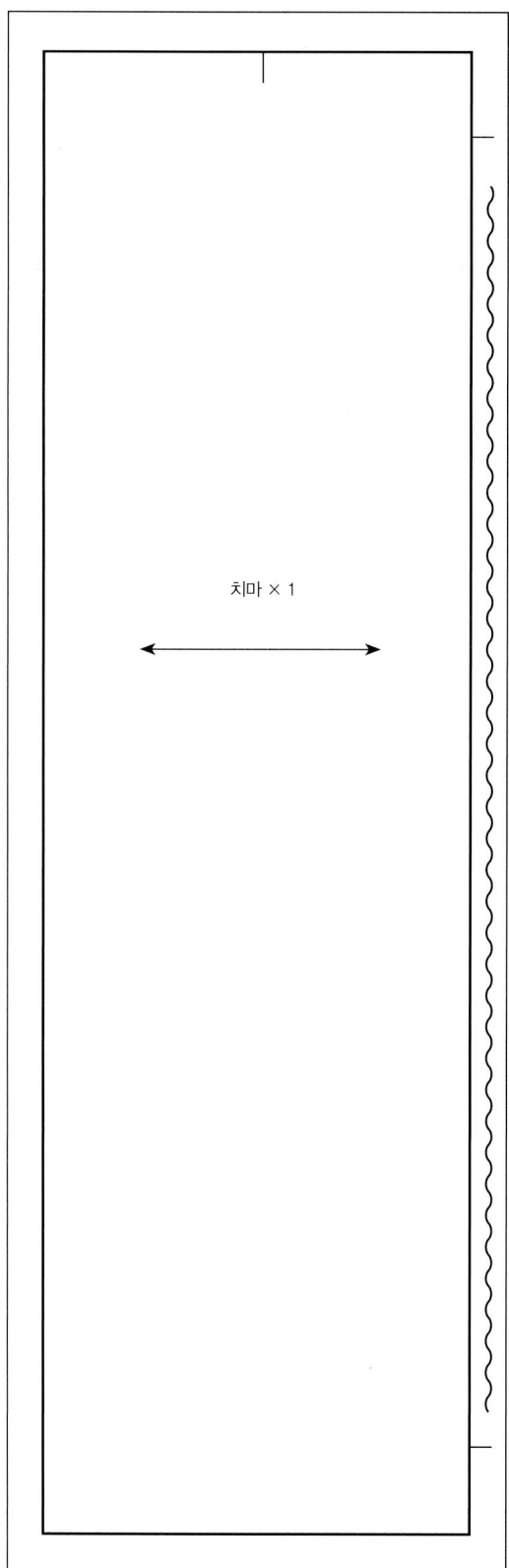

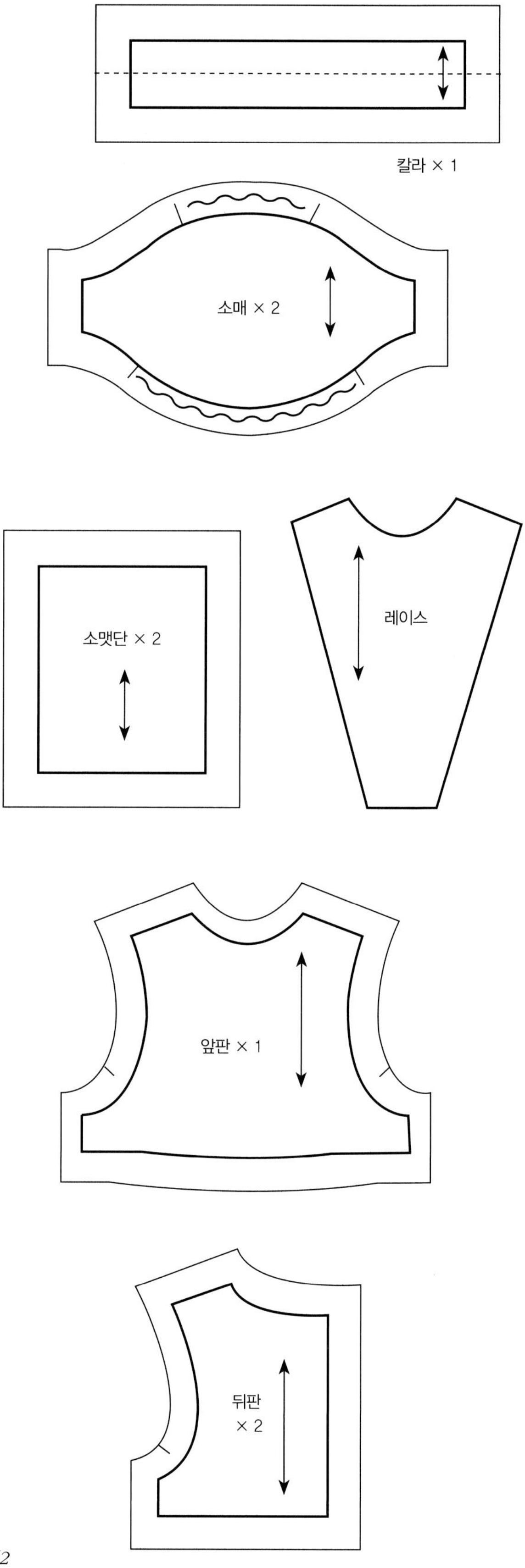

다이애나 앞치마 p89

리본: 어깨끈용(6cm) × 2, 허리끈용 11cm × 2

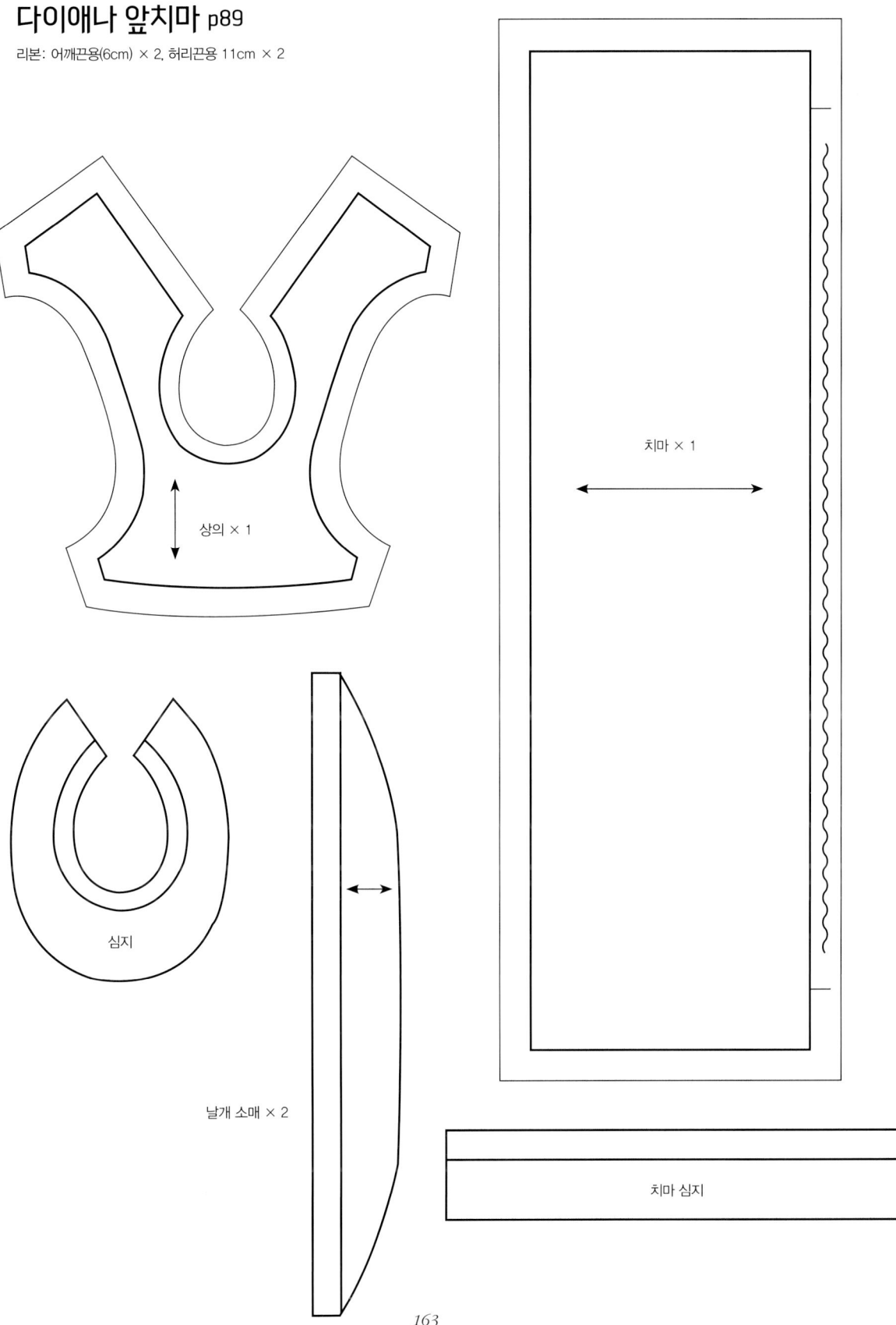

골디락스 원피스 p95

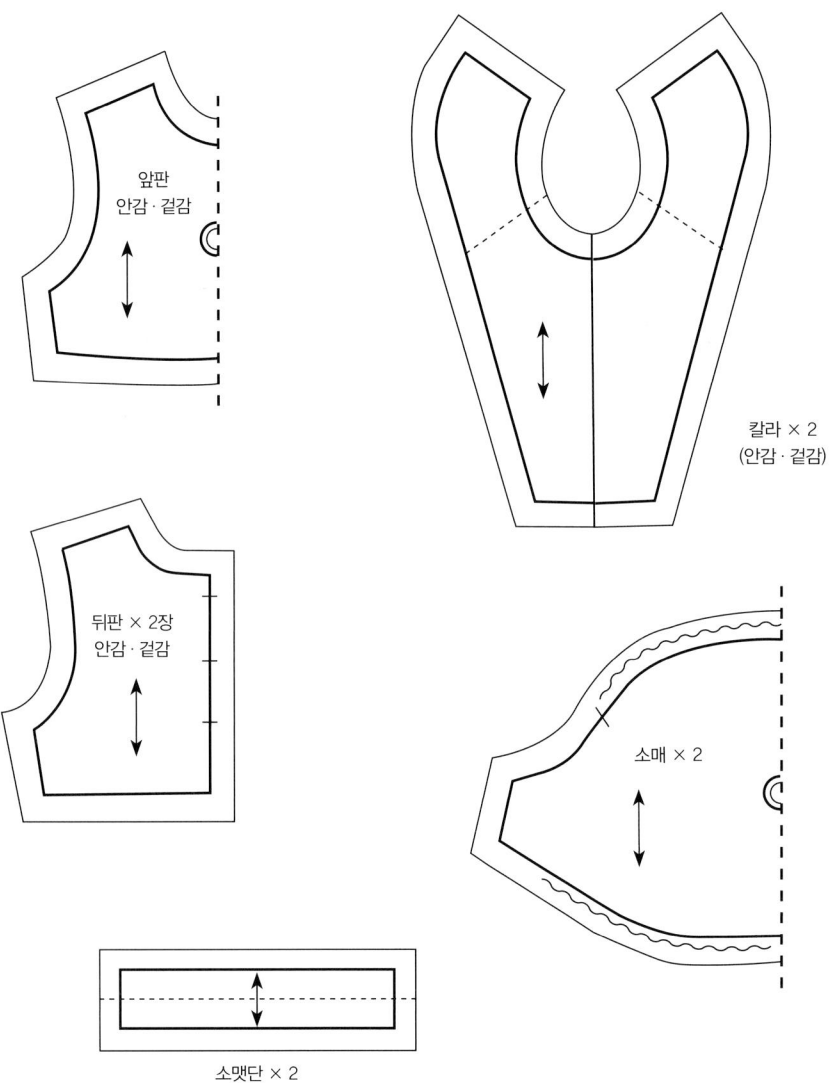

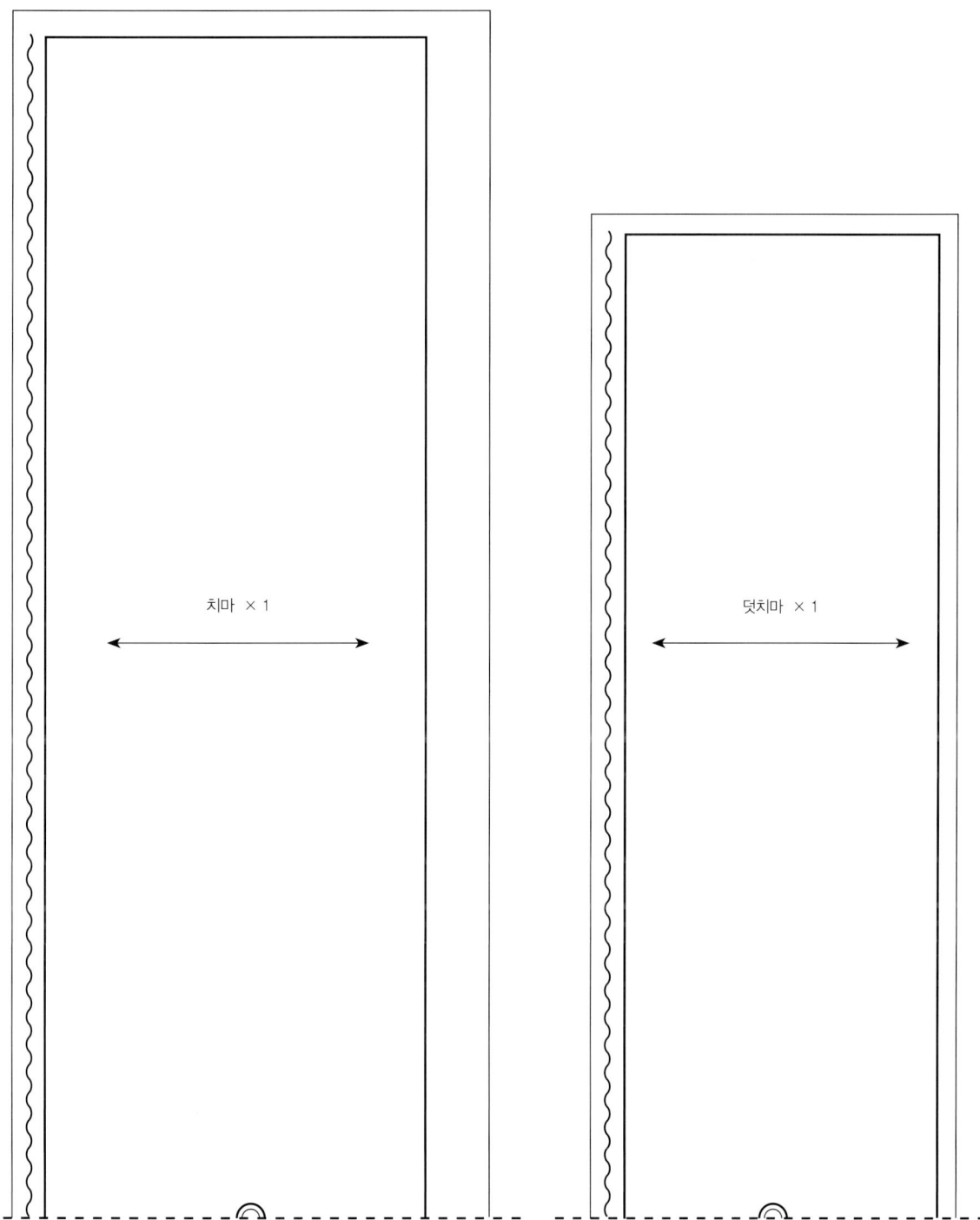

신데렐라 이브닝드레스 p101

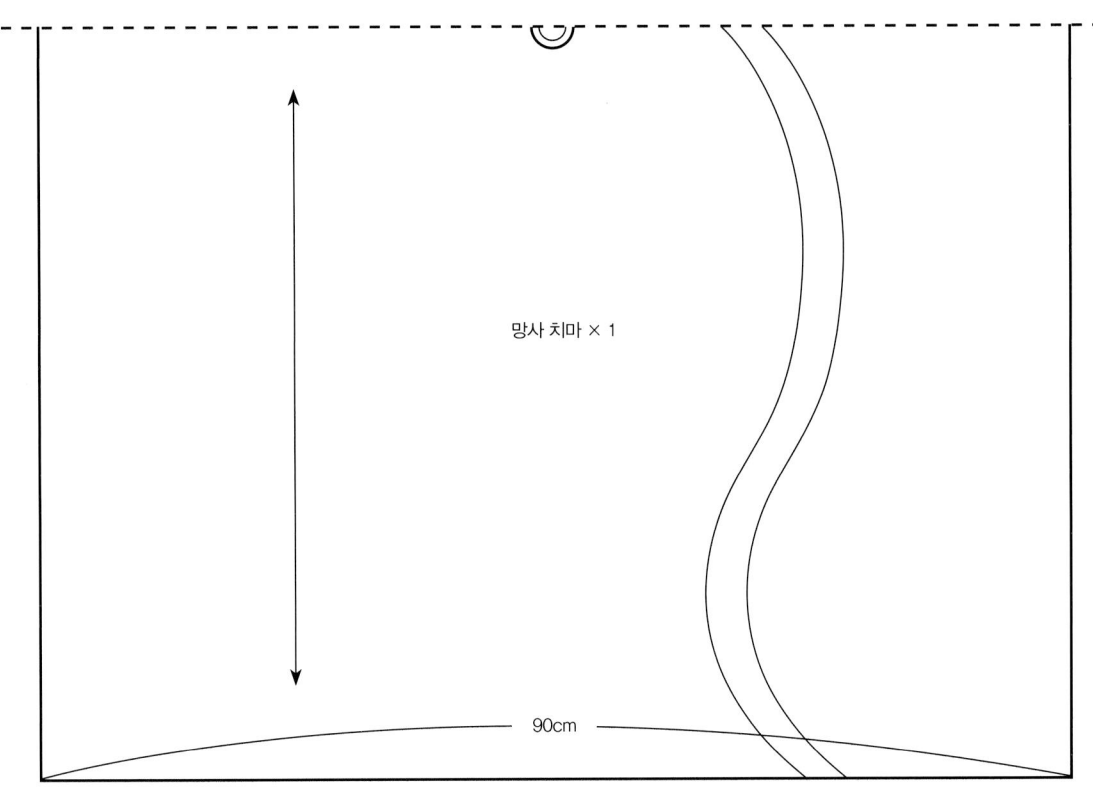

망사 치마 × 1

90cm

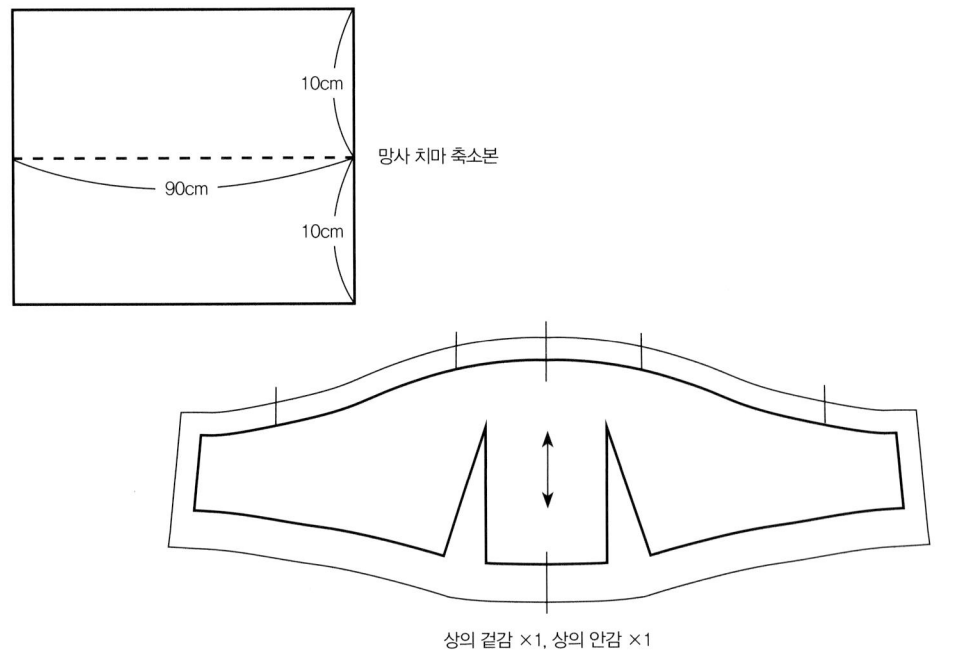

망사 치마 축소본

10cm
90cm
10cm

상의 겉감 ×1, 상의 안감 ×1

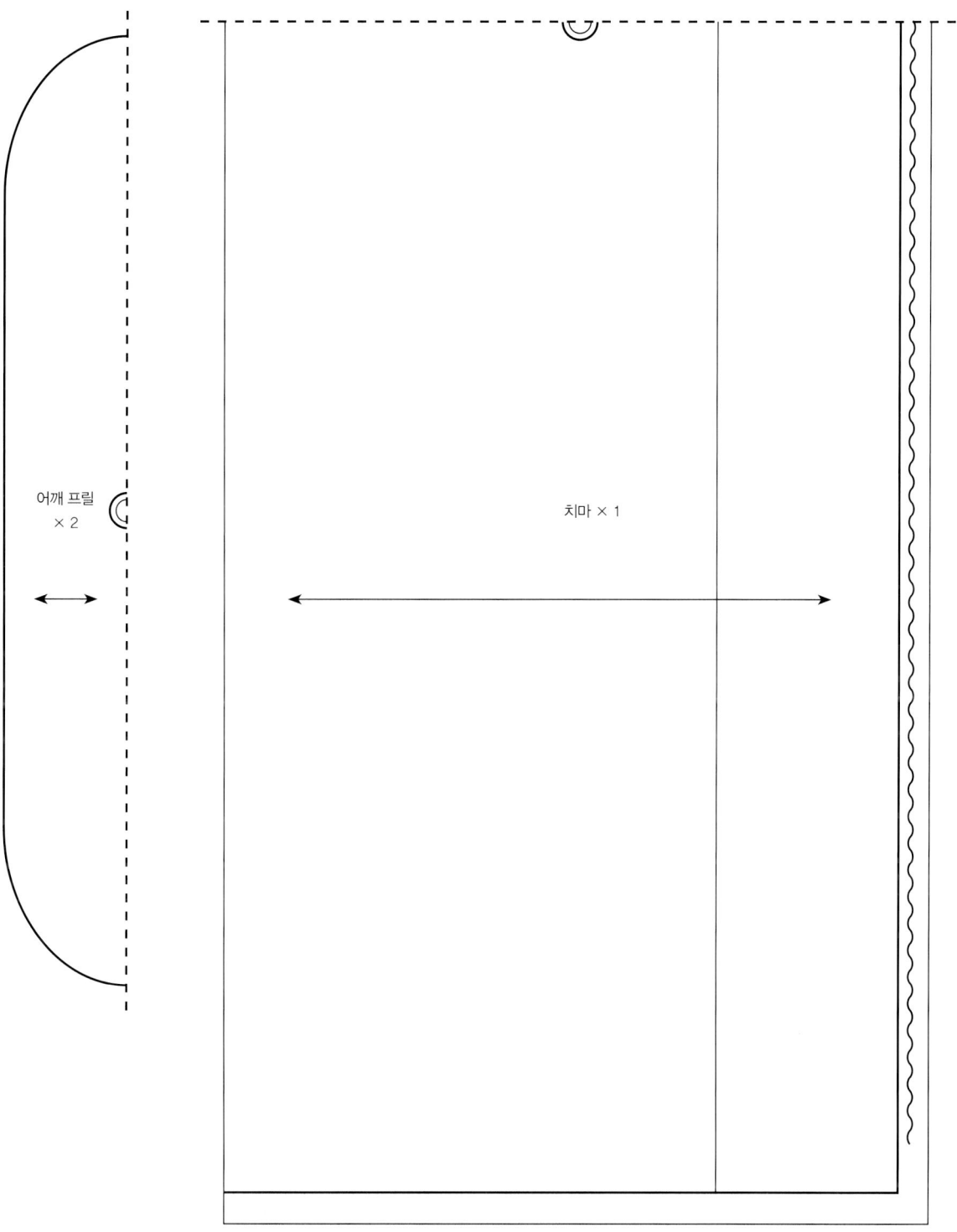

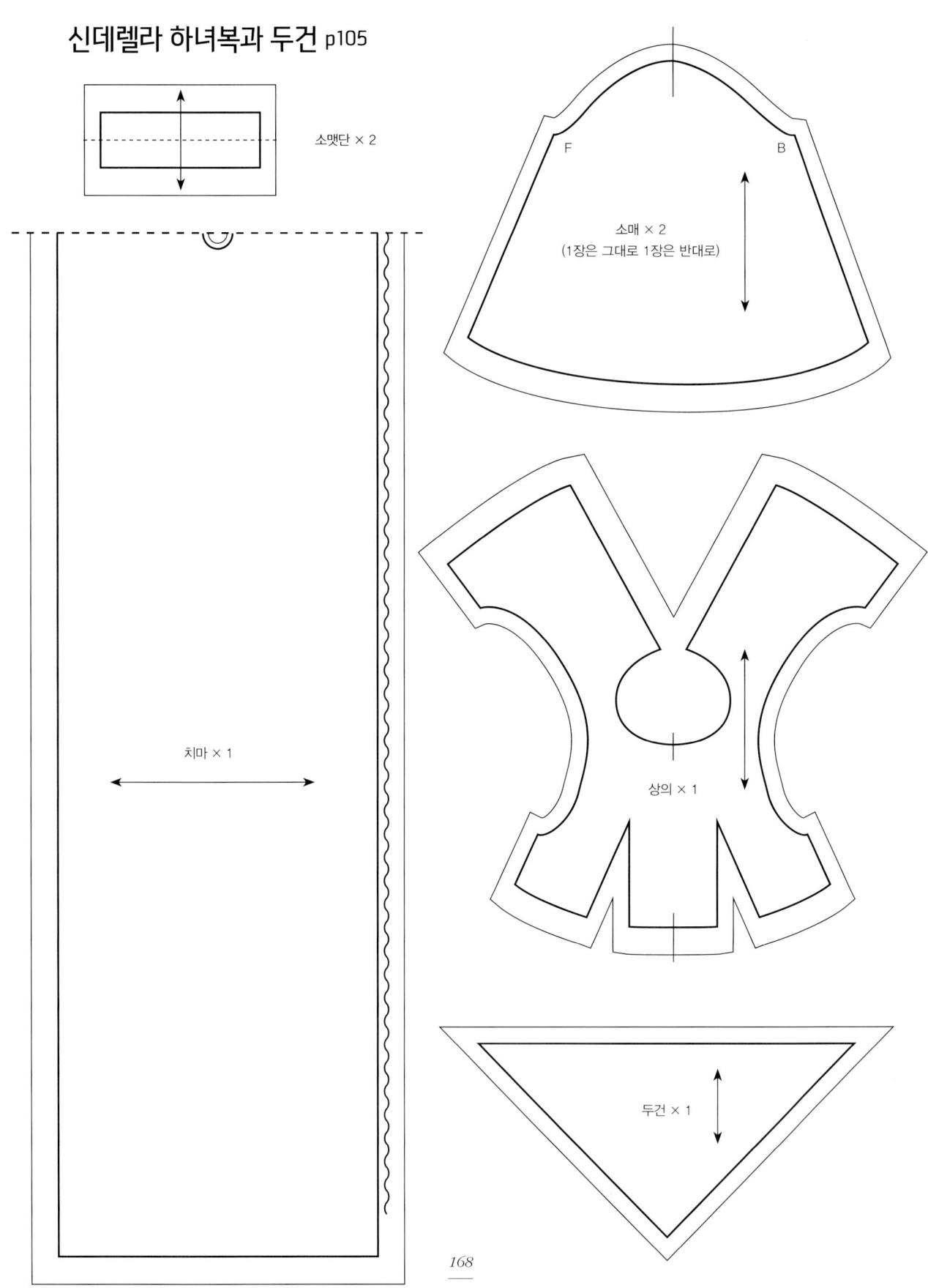

도로시 블라우스 p111

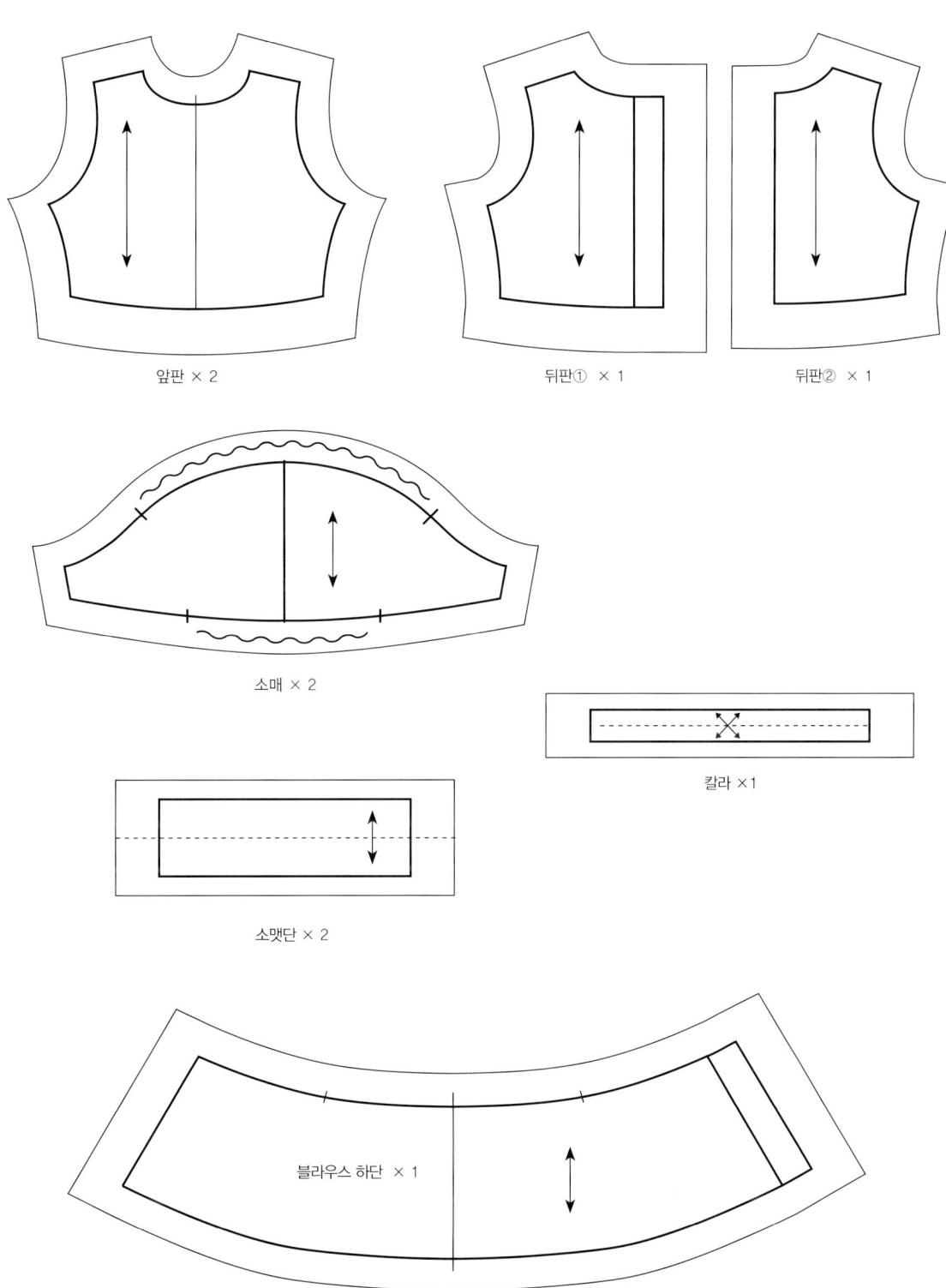

도로시 원피스 p113

여밈

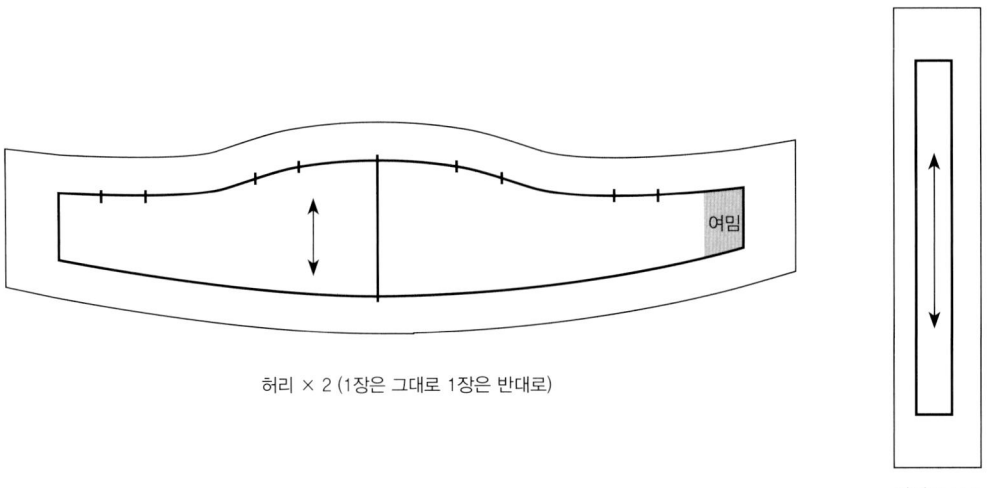

허리 × 2 (1장은 그대로 1장은 반대로)

어깨끈 × 2

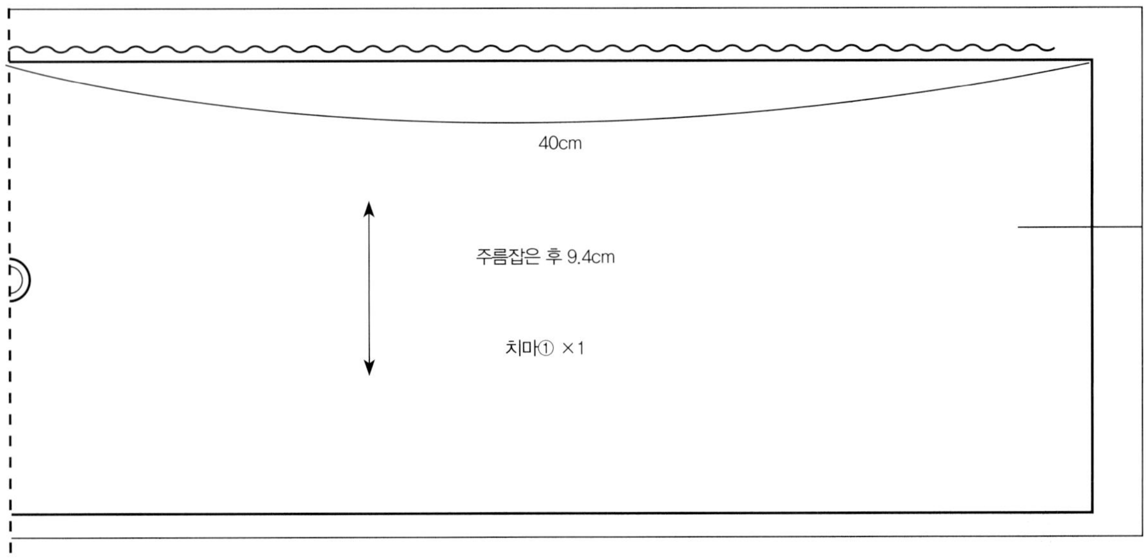

40cm
주름잡은 후 9.4cm
치마① ×1

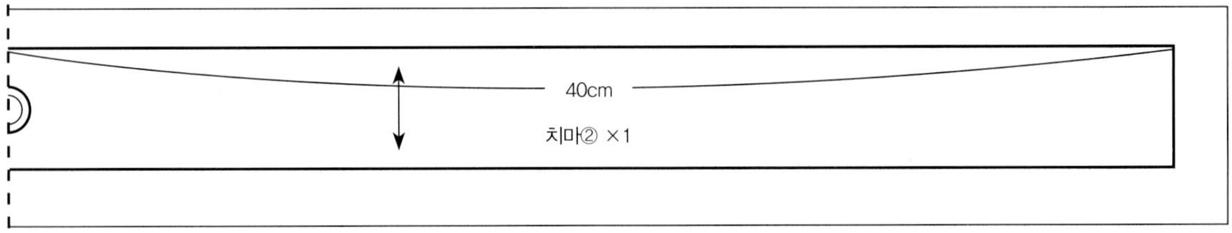

40cm
치마② ×1

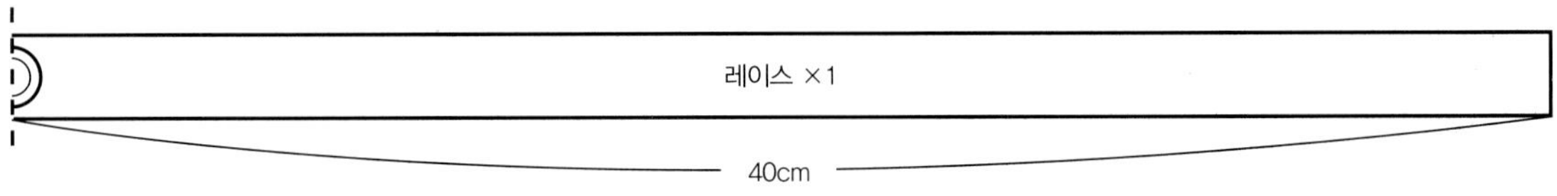

레이스 ×1
40cm

도로시 망사 속치마 p115

민소매 주름치마 원피스 p117

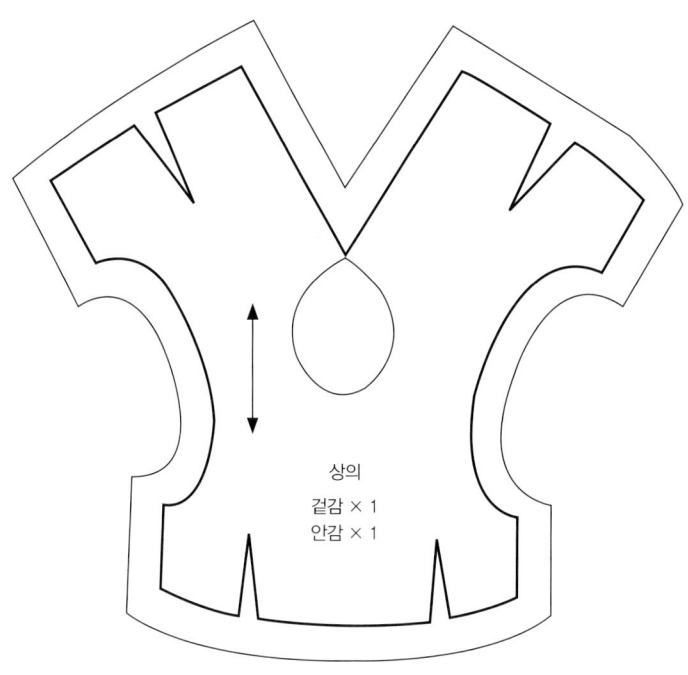

상의
겉감 × 1
안감 × 1

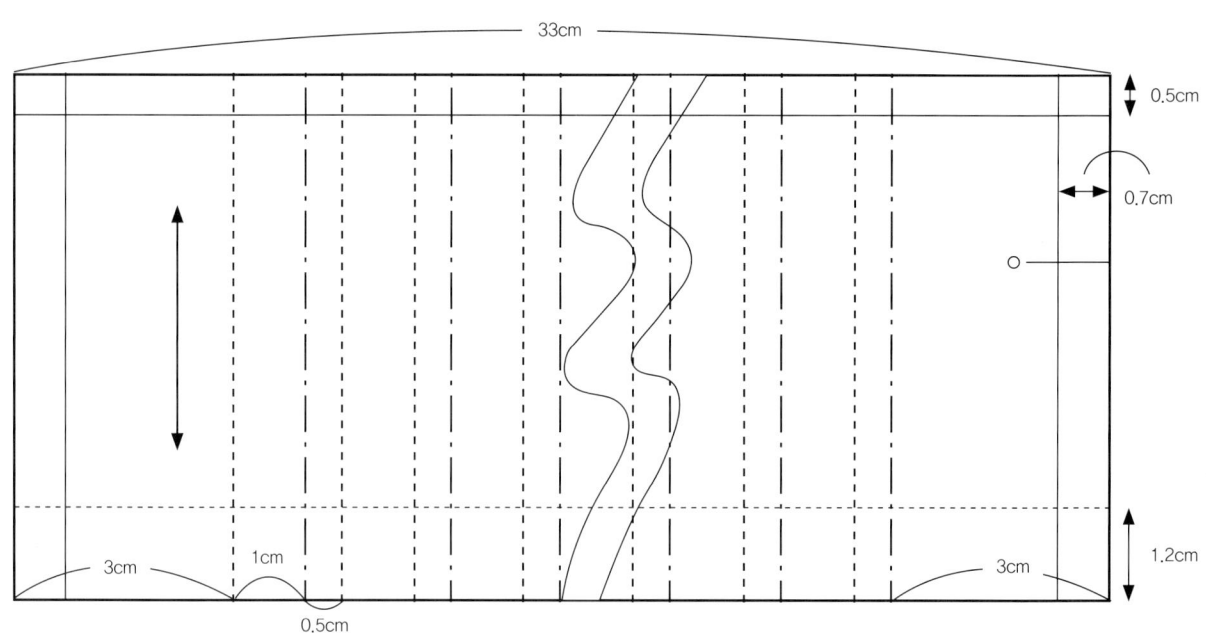

세일러 자켓 p118

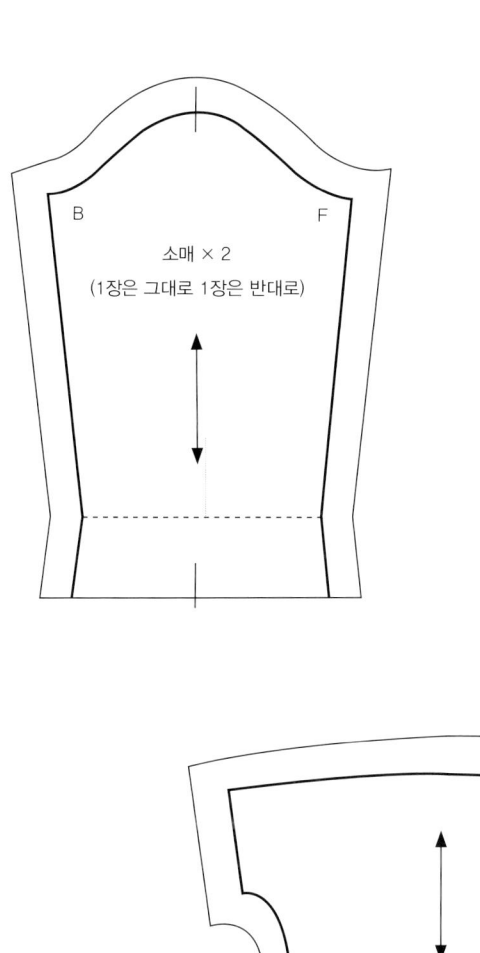

소매 × 2
(1장은 그대로 1장은 반대로)

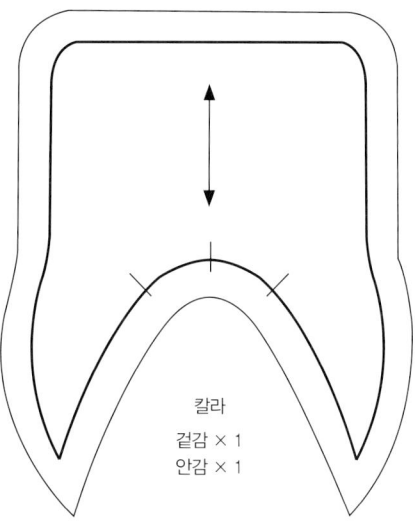

칼라
겉감 × 1
안감 × 1

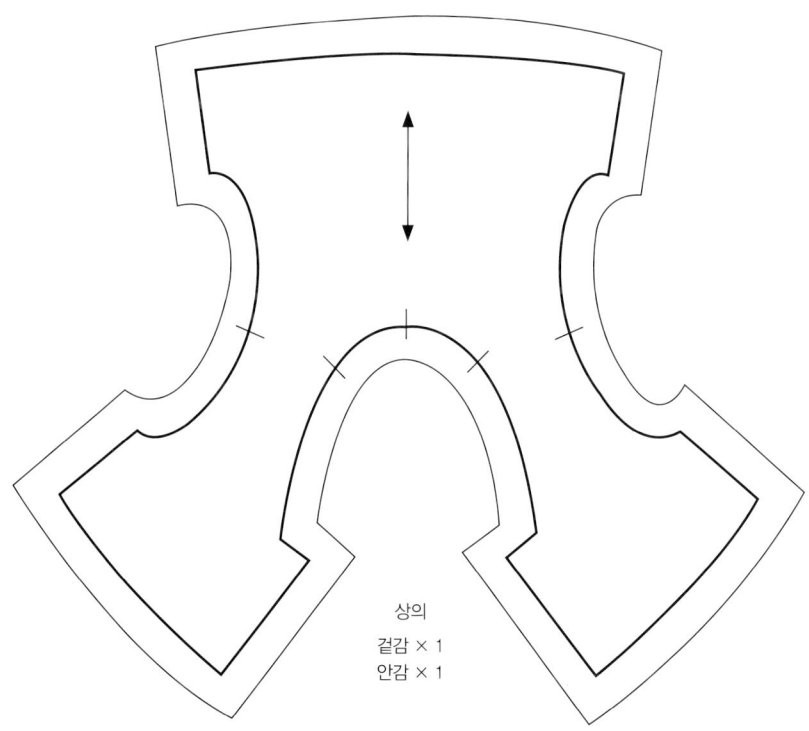

상의
겉감 × 1
안감 × 1

note

돌스 살롱 : 페어리테일

초판 1쇄 발행 2019년 4월 24일

지은이 라디오, Ebool's Something, 시에스타, 김언니,
바이올렛, Madame Flora, 스마일 루이, Amy

펴낸이 이수정 | **펴낸곳** 북드림

마케팅 유인철 | **사진** 묘르(인스타 @myojung_tm)

등록 제399-2017-000059호

주소 경기도 남양주시 와부읍 덕소로116번길 20, 101-1304

전화 02-463-6613 | **팩스** 070-5110-1274

ISBN 979-11-965566-3-1 (13630)

도서 문의 및 출간 제안 suzie30@hanmail.net

※ 이 책은 저작권법에 의해 보호를 받는 저작물이므로 무단 전재와 무단 복제를 금합니다.

※ 책 값은 뒤표지에 표시되어 있습니다. 잘못된 책은 구입처에서 교환해 드립니다.

※ 이 도서의 국립중앙도서관 출판예정도서목록(CIP)은 서지정보유통지원시스템 홈페이지(http://seoji.nl.go.kr)와 국가자료종합목록시스템(http://www.nl.go.kr/kolisnet)에서 이용하실 수 있습니다. (CIP제어번호 : CIP2019013861)